15 dias de oração com
Etty Hillesum

PIERRE FERRIÈRE
ISABELLE MEEÛS-MICHIELS

15 dias de oração com

Etty Hillesum

Paulinas

Dados Internacionais de Catalogação na Publicação (CIP)
(Câmara Brasileira do Livro, SP, Brasil)

Ferrière, Pierre
    15 dias de oração com Etty Hillesum / Pierre Ferrière, Isabelle
Meeûs-Michiels ; [tradução Paulo F. Valério]. – São Paulo : Paulinas,
2014. – (Coleção 15 dias de oração)

    Título original: Prier 15 jours avec Etty Hillesum.
    ISBN 978-85-356-3751-9

    1. Hillesum, Etty, 1914-1943 - Ensinamentos   2. Orações
I. Título. II. Série.

14-03202   CDD-242.2

Índice para catálogo sistemático:
1. Orações : Vida cristã : Cristianismo   242.2

Título original da obra: *Prier 15 jours avec Etty Hillesum*
© Nouvelle Cité, 2004, Bruyères-le-Châtel.

1ª edição – 2014

Direção-geral:	Bernadete Boff
Editora responsável:	Vera Ivanise Bombonatto
Tradução:	Paulo F. Valério
Copidesque:	Mônica Elaine G. S. da Costa
Coordenação de revisão:	Marina Mendonça
Revisão:	Ruth Mitzuie Kluska
Gerente de produção:	Felício Calegaro Neto
Diagramação e capa:	Manuel Rebelato Miramontes

Paulinas

Rua Dona Inácia Uchoa, 62
04112-020 – São Paulo – SP (Brasil)
Tel.: (11) 2125-3500
http://www.paulinas.org.br – editora@paulinas.com.br
Telemarketing e SAC: 0800-7010081
© Pia Sociedade Filhas de São Paulo – São Paulo, 2014

Aquele a quem o Amor conduz à perfeição deve percorrer enormes extensões, picos ásperos e abismos; em meio à mais forte das tempestades, procurará seu caminho a fim de ser iniciado em seu mistério: que é preciso consentir ao desejo sem limites, caminhar sem descanso por áridas planícies e machucar-se nas arestas das vertentes e dos cumes; ou, ainda, desafiar as torrentes dos abismos sem fundo a fim de conquistar o Amor por desmesura de amor.

(Hadewijch d'Anvers, século XIII, *Poemas estróficos* n. 21)

Sumário

Elementos biográficos

Esther (Etty) nasceu no dia 15 de janeiro de 1914 em Middelburg, Zelândia (Países Baixos), em uma família judia não praticante. Seus pais eram Louis Hillesum, professor de línguas antigas e, em seguida, diretor de liceu, e Rebecca Bernstein (Riva), imigrada da Rússia com sua família. Tinha dois irmãos menores: Jacob (Jaap), que se tornaria médico, e Michaël (Mischa), pianista genial, mas acometido de fragilidade psíquica (crises de esquizofrenia).

Em 1932, Etty começou seus estudos de Direito em Amsterdã, onde também vivia com seus dois irmãos.

Recordemos o contexto da grande história que se tornará cada vez mais envolvente: foi em 1933 que Hitler se tornou chanceler do Reich e mandou abrir os primeiros campos de concentração em Dachau...

Paralelamente à sua formação jurídica, Etty estuda a língua de sua mãe, o russo, que ela compreenderá perfeitamente e ensinará privadamente a alguns estudantes. Por volta do fim de seus estudos, em 1937, ainda como estudante, Etty transfere-se para a moradia de Han Wegerif, um contador holandês, viúvo, não judeu, de quem ela será companheira. Em julho de 1939, Etty consegue o mestrado em Direito.

Contudo, o contexto histórico faz-se envolvente e premente: no dia 10 de maio de 1940, a Alemanha invade os Países Baixos. A teia nazista pouco a pouco vai alcançar e envolver a vida de Etty.

A partir do dia 29 de novembro de 1940, seu pai é destituído do cargo de diretor do liceu devido à sua pertença judaica. E no início de 1941, o Stadtkommissar de Amsterdã obriga os notáveis judeus a constituir um "Joodsche Raad" (Conselho Judaico) para retransmitir seus ditames.

No entanto, a vida de Etty não parece ser demasiado afetada por isso, e segue em frente. Se vive alguns sobressaltos, é em sua afetividade e em seu corpo que eles repercutem. A fim de remediar tais males, ela vai consultar-se com um psicoquirólogo, Julius Spier, judeu alemão, nascido em 1887, que teve de fugir de Berlim e refugiar-se em Amsterdã dois anos antes. Essa primeira consulta aconteceu no dia 3 de fevereiro de 1941. Tal contato com Spier paulatinamente tira Etty de seu marasmo.

É o mesmo Spier que encoraja Etty a escrever a fim de pacificar suas oscilações. Essa terapia, porém, urde uma atração mútua que eles vivem um pelo outro com paixão e como um verdadeiro desafio, uma tarefa enorme. Nessa circunstância é que Etty nascerá para sua personalidade única. O relacionamento de ambos, a um tempo complexo e belo, continuará até a morte de Spier, no dia 15 de setembro de 1942. Os Cadernos de Etty, que começam no dia 8 de março de 1941, aparecem inicialmente como uma simples releitura de tais consultas com Spier.

O dia em que Etty põe-se a escrever é também o dia em que ela se faz recensear como judia. O cerco fecha-se sobre os judeus, e correm rumores que dão conta de um plano compactuado de extermínio por toda a Europa: fala-se até mesmo de aniquilamento e de comboios que para lá se encaminham... Com efeito, a partir de maio-junho de 1942, as leis antissemitas de Nuremberg são de aplicação estrita aos Países Baixos. O Conselho Judaico logo é informado das deportações iminentes. O campo de Westerbork, no nordeste dos Países Baixos, é organizado como campo de trânsito de onde partem os comboios de deportados.

Em julho de 1942, Etty dirige uma carta de candidatura ao Conselho Judaico, estimulada por seu irmão Jaap. Logo depois de seu engajamento, ela pede transferência para o campo de trânsito de Westerbork, onde fará quatro estadas de trabalho, entrecortadas por retornos a Amsterdã, que um esgotamento crônico total tornará necessários. Por ocasião da última dentre essas permanências, ela se verá destinada a residir nesse campo sinistro, não mais como "assistente social" dos homens e das mulheres desvairados que nele perambulam, mas na expectativa, também ela, do comboio.

Desse comboio tentará poupar seus pais e seu irmão Mischa, encerrados com ela em Westerbork, mas em vão. Etty, Mischa e seus pais foram embarcados no dia 7 de setembro de 1943 em um comboio de 987 pessoas, das quais apenas oito sobreviveram. Foi nesse 7 de setembro que ela lançou seu último cartão sobre o cascalho, por uma fresta do vagão. Em 30 de novembro de 1943, ela morria em Auschwitz. No intervalo de alguns meses, toda a sua família conheceu a mesma sorte. Jaap não foi exceção.

Em Westerbork, Etty continuou a escrever seus Cadernos. Às pressas, ela havia colocado os últimos em sua mochila de deportada. Os Cadernos que ela levara do campo de Westerbork a Auschwitz estão irremediavelmente perdidos. Quanto aos Cadernos escritos anteriormente, Etty havia tomado o cuidado de confiá-los a uma de suas amigas no dia 5 de junho de 1943, no momento de sua partida definitiva para Westerbork. Foi assim que, depois de muitas desventuras, eles puderam chegar até nós. O último desses Cadernos concluiu-se na data de 13 de outubro de 1942. Para além dessa data, e até sua partida para Auschwitz, dispomos de uma porção de cartas endereçadas por Etty a diversas pessoas amigas, enviadas desse campo de Westerbork.

Eis esboçada em grandes linhas a trama visível da vida de Etty. Sobre essa trama é que somos convidados a tecer nossa oração ao "Deus amigo da vida" (cf. Livro da Sabedoria 11,26).

Rezar com Etty ao longo dos dias

Um itinerário singular

Etty é reconhecida por seu admirável e fulgurante itinerário espiritual. A partir de um sentimento religioso inicialmente bastante vago e pouco consistente, ela chegou a viver quase ininterruptamente na presença de Deus. "É como se algo em mim se tivesse entregado a uma oração contínua. 'Isso reza em mim', até mesmo quando rio ou gracejo."

A originalidade de sua experiência e o tom de tal modo particular no qual testemunha isso fizeram diversas pessoas dizer que ela é "inclassificável", ou que, "sob sua pena, o nome de Deus parece desprovido de toda tradição". Se seu percurso é atípico, e Etty efetivamente jamais se ligou a uma Igreja ou confissão religiosa, isto não quer dizer que, por tal razão, ela se tenha construído fora de toda tradição e influência. Judia e neta de grande rabino, e embora pareça ter sido pouco educada na religião de seus pais, Etty estará muito consciente de sua judaicidade e apegada a ela. É particularmente esse apego que a conduzirá a viver com seu povo uma comunhão em nome da qual ela participará de seus sofrimentos.

Além do mais, Etty frequenta também amigos e grandes autores cristãos (Agostinho, Dostoievski...), lê regularmente a Bíblia, sempre ao alcance da mão e do coração, e cita diversas vezes palavras tiradas de um e de outro Testamento. Aquilo que, no início, não pôde ser para ela senão curiosidade e simpatia, com o passar do tempo transformou-se em uma grande proximidade com a herança do Cristianismo. Contudo, isso não autoriza, de maneira nenhuma, a concluir daí que ela assumia tal fé como sua.

Com efeito, importa preservar o testemunho de Etty de toda aproximação ilegítima. Se reconhecer sua dívida em relação às tradições religiosas judaica e cristã é fazer justiça à história, ao mesmo tempo é preciso ressaltar a independência que lhe era peculiar em relação a toda instituição religiosa, Igreja ou Sinagoga. Esse é até mesmo um aspecto que torna seu itinerário tão surpreendente e pouco convencional. E toda conjectura na qual seríamos tentados a perder-nos sobre "o que Etty teria sido caso tivesse sobrevivido à *Shoah*" está fadada a não passar de ficção. Talvez sua iniciação espiritual vivida à margem das grandes tradições a aproxime de tantos de nossos contemporâneos que parecem continuar sua busca a respeitosa distância das religiões "estabelecidas"...

No dia 5 de junho de 1943, Etty deixa definitivamente Amsterdã para o campo de Westerbork: passagem "de ida" somente. Entre seus pertences pessoais, uma pequena maleta de ratã contendo o Corão e o Talmude... No dia 7 de setembro de 1943, Etty sobe no vagão n. 12 do comboio da morte. Ela deixa Westerbork rumo a Auschwitz. Sua bolsa de viagem, feita às pressas, contém a Bíblia...

"Alarga o espaço de tua tenda, estende as cortinas das tuas moradas, não te detenhas, alonga as cordas", diz-nos a Palavra de Deus no livro de Isaías (54,2). A vida de Etty é um testemunho luminoso desse alargamento!

Etty, mestra de oração

Eis quem a fará certamente sorrir...

Seguramente, teremos muito a aprender escutando as palavras de sua oração. Muitas passagens, dignas de páginas de antologia, são de uma beleza de tirar o fôlego, mas, sobretudo, de um sopro capaz de impulsionar largamente. Algumas dentre elas, ademais, guiarão nossos passos durante estes quinze dias.

Apenas uma coisa: onde começa e onde se detém a oração de Etty?

Quando Etty diz querer permanecer humildemente disponível, tal como um pequeno terreno onde as questões de sua época possam apaziguar-se, ela está rezando?

Quando ela faz "discursos extravagantes à lua eterna", quando busca razoavelmente um jeito de viver os altos e baixos que atravessa, ela está rezando?

Quando Etty se arrisca a nada negligenciar, a não evitar as interrogações perturbadoras que às vezes a habitam; quando ela ousa, junto com um homem que se torna seu amigo íntimo, experimentar a alegria "plenificante" da relação, está rezando?

Quando, dentro do crepitar das máquinas de uma sala cheia de datilógrafos, Etty consegue subtrair-se interiormente ao barulho ambiente, está rezando?

Quando ela se dispõe a acolher as palavras pronunciadas com voz descolorida e enfraquecida por uma mulher com o ventre arredondado, no nono mês de gravidez, e prestes a ser deportada, está rezando?

Permanecer disponível, procurar como viver, expor-se, subtrair-se, estar ali: isto é rezar?

Ainda mais: chorar, saborear, duvidar, dançar, esperar, cantar, lutar, transpirar, escrever, nascer: isto é rezar?

Um dia, em um impulso de todo o corpo, Etty vê--se encurvada pela força de uma necessidade interior que surpreende a ela mesma: de joelhos sobre o tapete de sisal do banheiro e o rosto entre as mãos, ela vai viver uma experiência íntima da qual terá pudor de falar. E a palavra "oração", de repente, parece insípida para descrever esse gesto de genuflexão cuja evocação toca "o mais íntimo do mais íntimo que se possa viver" (NG, 334).* Pois, enfim, "existe algo tão íntimo quanto o relacionamento de uma criatura com Deus?".

"O mais íntimo do mais íntimo": mediante esta maneira de falar inclusiva e duplamente superlativa é que Etty tenta traduzir o coração sagrado de uma experiência. Com hesitação e reserva, ela evoca um momento tão forte que a insuficiência das palavras a faz recear que lhe profane a beleza.

Então, suspeitamos que, rezar com Etty será algo completamente diferente de aprender com ela palavras de oração educadas, costumeiras, convencionais ou repisadas; tampouco se assemelha a um cruzeiro piedoso com escalas

---

* NG: *De Nagelaten Geschriften van Etty Hillesum 1941-1943*, Balans, Amsterdã 2002. [N.E.]

devidamente anunciadas. Na escola de Etty, rezar será uma aventura, um convite às vezes desconcertante a oferecer o espaço de tudo o que somos à íntima Presença, a não excluir Deus de nada daquilo que nos vem ao encontro. Desse modo, não fiquemos demasiado surpresos se o itinerário de oração proposto por este livro evoca realidades tão diversas como nossas relações com nossos pais, com nosso corpo, com a morte etc. Elas não estão senão aparentemente longe do assunto que nos ocupa.

Sim, rezar é, certamente, cuidar de munir-se de pausas atentas e optar por reservar períodos de nosso tempo para a escuta interior, de coração a coração no Encontro. Mas é também permanecer em uma atitude na qual a vida inteira é paulatinamente tomada pelos mistérios que contempla. Antigamente se dizia "fazer orações". A vida de Etty nos fala de fazer-se oração.

Onde quer que nos encontremos, com este livro entre as mãos, Etty nos diz:

> E não é verdade que se pode rezar em toda parte, tanto em um barraco de tábuas quanto em um mosteiro de pedra e, de maneira mais geral, em todo lugar da terra onde apraz a Deus, nesta época atribulada, colocar suas criaturas? (263*).

Então, prontos para seguir os passos de Etty?

Na escola de uma mulher mestra, não há dúvida de que a lição de oração será especial!...

---

* Os números entre parênteses nas citações são referências às páginas de *Une vie bouleversée*, de Etty Hillesum. [N.E.]

Eu e meu fechamento da alma

Eis-me, pois, em sua casa, eu e meu "fechamento da alma". Ele devia colocar ordem neste caos interior, orientando, ele próprio, as forças contraditórias que agem em mim. Ele me tomava pela mão, por assim dizer, e me falava: "Pronto, é assim que se deve viver". Durante toda a minha vida eu tive esse desejo: quem dera que alguém viesse tomar-me pela mão e se ocupasse de mim; tenho aparência enérgica, não conto senão comigo mesma, mas seria tremendamente feliz de abandonar-me. Eis que esse perfeito desconhecido, esse senhor S., esse homem de traços complicados, cuidava de mim, e dentro de uma semana ele já havia feito milagres. Ginástica, exercícios respiratórios, algumas palavras luminosas, libertadoras, a respeito de minhas depressões, de minhas relações com os outros etc. De repente, eu tinha uma vida diferente, mais livre, mais fluida, apagava-se a sensação de bloqueio, um pouco de paz e de ordem instalava-se dentro de mim – toda essa melhora acontece sob a única influência, por enquanto, de sua personalidade mágica, mas ele não demorará a se constituir psiquicamente, a tornar-se um ato consciente (12-13).

Ao escutar Etty evocar assim o ponto de partida de seu caminho de restauração e de despertar para a vida, é impossível não admirar esse percurso de grandes passadas: um trajeto de menos de três anos: de 3 de fevereiro de 1941, data de sua primeira consulta com Julius Spier, a quem ela designa por um simples "S." em suas notas, ao dia 30 de novembro de 1943, data provável, segundo um comunicado da Cruz Vermelha, de sua morte no campo de extermínio de Auschwitz.

Se a Etty não faltam nem fineza nem inteligência, não existe, porém, nada que possa dar conta, *a priori*, da sua maturação fulgurante. Escreve ela: "As pessoas creem-me superiormente informada de muitos problemas da vida, Contudo, lá, bem no fundo de mim mesma, há um novelo aglutinado, alguma coisa que me segura com um punho de ferro, e toda a minha lucidez de pensamento não me impede de ser com muita frequência uma pobre palerma amedrontada" (9). Tal é o ponto de partida dos Cadernos de Etty. Ela tem, à época, vinte e sete anos.

Ora comparada por seu pai a um "Dom Quixote de saias", ou, por um suíço de passagem, a uma "Carmen russa";* ora se comparando, ela mesma, a uma "selvagem da jovem Quirguízia",** Etty é ágil e talentosa, mas também instável e sujeita a frequentes fases depressivas. Certamente ela leva uma vida rica de relações, mas estas são vividas em grande desordem: ligações múltiplas, relacionamentos tumultuados com seus pais... Essa desordem – eco, a seu

---

* *Carmen* é uma ópera do compositor francês Georges Bizet, baseada na novela homônima de Prosper Mérimée. A personagem que lhe dá o nome encarna o paradigma da liberdade individual sem concessões e sem limites, o arquétipo da mulher independente e confiante da sua beleza e poder de atração, impulsionada pelo desejo de viver apenas de acordo com a sua vontade e as suas próprias leis. [N.E.]

** Quirguízia é uma república da Ásia Central, ex-integrante da antiga União Soviética. [N.E.]

modo, da nossa? – não deixa de evocar a primeira página da Bíblia e o primeiro relato da criação, onde vemos o projeto de Deus assumir vulto a partir do caos. A língua hebraica exprime esse caos com a palavra *tohu-bohu*, que no português podemos traduzir como "barulho confuso, desordem".

Com efeito, não é a partir de um *tohu-bohu* que Deus cria cada um e cada uma de nós: caos evidente de nosso mundo, de determinados aspectos da cultura onde nos banhamos, mas também de nossa história pessoal? E não é separando, como o faz no Gênesis, que Deus cria a verdadeira pessoa que me torno? Separado uma primeira vez de minha mãe pelo nascimento, continuo a sê-lo ao longo de minha existência, emergindo pouco a pouco de um magma indistinto. Salvando-me da confusão deste magma é que Deus, pacientemente e com minha participação, suscita-me para a vida.

De sua desordem, Etty vai abrir-se a certo Julius Spier. "Eis-me, pois, em sua casa": primeiro encontro com esse psicoquirólogo autodidata sob o influência de Jung, que, a partir desse segundo rosto que são, para ele, as palmas da mão, pretende colocar-nos em contato com nós mesmos. Spier, um judeu de cinquenta e cinco anos, que havia granjeado, na Alemanha, certo êxito como terapeuta, teve de fugir ao antissemitismo nazista e refugiar-se em Amsterdã. Esse encontro não é "um" dos numerosos encontros de que é urdida a vida de Etty. Trata-se "do" encontro que marca época, a ponto de a própria evolução desse laço tornar-se um acontecimento determinante do percurso de Etty e dos escritos que nos lega.

Mediante a meditação dessa relação com Spier, o iniciador, "o médico parteiro de sua alma", como ela o dirá encantadoramente, Etty vai fundar e desenvolver sua liberdade e abrir-se docemente à sua fonte: Deus. Sem dúvida, como toda causa humana – e as mais belas não são exceção –, essa relação tem adornos de ambiguidade e até mesmo de desvios: de terapêutica, ela torna-se rapidamente afetiva e apaixonada. Tem suas pontas de ciúme. Contudo, jamais se esgota em nenhum desses desvios. E a morte de Spier, quando ela sobrevier, longe de pôr fim à relação, confirmará o que Etty já havia começado a viver nela: um despertar para si, para os outros e para Deus, nas pegadas de um movimento único.

Desde seu primeiro encontro com Spier, um pouco de paz e de ordem começou a habitar Etty. "É mágico", reconhece ela! Mas deseja ser atriz da mudança inesperada a que ela se abandona: "Essa melhora não demorará a se constituir psiquicamente, a tornar-se um ato consciente". Alquimia misteriosa de nossas relações criadoras de vida: "Tenho aparência enérgica, não conto senão comigo mesma, mas seria tremendamente feliz de abandonar-me...". Tomar--se resolutamente pela mão e saborear, ao mesmo tempo, a alegria de abandonar-se: como desenvolver esse desejo duplo e único, aparentemente contraditório? Como vivê-lo sem oscilar, tal qual um pêndulo, de uma atitude extrema a outra, sem se deixar arrastar ao grau das inconstantes intermitências de nosso coração?

Se tudo não devesse passar de um abandono a Spier e à influência que sua personalidade exerce sobre ela, tal abandono a levaria a alienar-se dentro dessa relação. No entanto, Etty jamais sacrifica nem sua liberdade nem essa relação que precisamente a faz crescer. Contudo, ajudada por Spier, ela vai achar-se conduzida por um caminho de acolhimento e de abandono muito progressivo Àquele que progressivamente ela ousará chamar de Deus. Ele deverá traçar-lhe esse caminho passo a passo. E a beleza de seu laço com Spier, vivido no áspero cotidiano, não será estranho ao modo pelo qual ela nele avançará. Os capítulos subsequentes nos farão descobri-lo.

Por enquanto, o mal-estar que pôs Etty a caminho questiona nossas insatisfações, nossas turbulências. Seu *tohu--bohu* questiona o nosso. Posso acolher meus erros, meus caos, meus estremecimentos como um convite a colocar as primeiras balizas de um trabalho em mim mesmo? Como o diagnóstico do "fechamento da alma", que Etty faz no que lhe diz respeito, ressoa no interior de minha própria experiência? Minha barafunda e meus estorvos podem deprimir-me, mas podem também oferecer-me ocasião de um caminho a ser começado. Posso fazer essa aposta e reconhecer a necessidade de ser aí acompanhado? Acolher-me na constatação das "forças contraditórias que agem em mim" é correr um risco. Etty correu-o antes de nós. Seu testemunho assegura-nos misteriosamente que aquele que ousa esse caminho não está engajado nele sozinho.

SEGUNDO DIA

Uma hora de paz: é preciso aprender

Acho que vou fazer assim: todas as manhãs, antes de me entregar ao trabalho, vou "voltar-me para meu interior", permanecer uma meia hora à escuta de mim mesma. "Entrar em mim mesma." Eu podia dizer assim: meditar. Mas a palavra me apavora um pouco. Sim, por que não? Uma meia hora de paz consigo mesmo. De manhã, no banheiro, a gente movimenta bastante braços, pernas e outros músculos; mas isto não basta. O ser humano é corpo e espírito. Uma meia hora de ginástica e uma meia hora de "meditação" podem fornecer uma boa base de concentração para um dia inteiro. Mas uma "hora de paz" não é simples. É preciso aprender (35).

Etty decide deixar a estrada periférica onde ela dá voltas, indefinidamente, e entrar resolutamente "na cidade". Ela descobre-se carregada para o cotidiano em uma espécie de efervescência, de trepidação que anula formas e contornos, e impede-a de alcançar a si mesma. Ser agitada assim, como um ludião, é ainda viver? Eis por que ela se fixa em uma prioridade: todas as manhãs, uma meia hora para entrar em si mesma... para meditar, mesmo que esta palavra ainda soe estranha a seus ouvidos.

Entrar em si mesma – esta é, portanto, a determinação de Etty. Contudo, qual é esse "si mesma" e onde pode ser descoberto? Etty pretende não negligenciar nenhum nível de seu ser: nem o corpo, nem o coração profundo, nem essa selva abundante do psiquismo, onde tão frequentemente nos perdemos e que a linguagem comum designa com palavras tão ambíguas como "alma" ou "espírito".

"O Deus da paz vos conceda santidade perfeita; e que o vosso ser inteiro, o espírito, a alma e o corpo sejam guardados de modo irrepreensível para o dia da vinda de nosso Senhor Jesus Cristo", já escrevia Paulo no ano 51 (1Ts 5,23), convidando a não desconsiderar nenhuma das dimensões de nosso ser. E esse é justamente o propósito de Etty, no começo de seu caminho.

Seu "corpo" – como poderia Etty esquecê-lo? Sem cessar, ele a faz lembrar-se dele:

> Antigamente, eu pensava que os aborrecimentos de ordem física: enxaquecas, dores de estômago, dores reumáticas, eram simplesmente físicos. Hoje, devo constatar que são, sobretudo, condicionados pelo psíquico. O corpo e a alma estão ligados em mim estreitamente. Quando algo claudica psicológica ou espiritualmente, repercute igualmente no corpo... (NG 128).

Pouco a pouco ela chega a não mais lançar sobre o corpo a responsabilidade por seus mal-estares. Para viver mais conscientemente essa interpenetração "psicossomática", Etty fará preceder sua meia hora de meditação cotidiana por meia hora de exercícios físicos no banheiro. A razão é que "uma hora de paz – é preciso aprender"!

Quanto ao "espírito" ou "à alma" de Etty, esse nível psíquico de seu ser, onde tão amiúde ela se debate e se afoga, determinará tanto seu aspecto afetivo, com seus sentimentos, sua energia, quanto sua inclinação intelectual. E Etty esmiúça:

"Devaneios, pensamentos grandiosos, intuições fulgurantes, orgias de via interior"... Um turbilhão que a arrasta freneticamente e onde se perdem todas as suas referências; um oceano que ameaça submergi-la incessantemente.

A cada manhã, Etty dedica uma hora de seu tempo a "fazer uma grande arrumação interior". Trata-se de entrar em uma desobstrução progressiva, em uma lenta decantação. Decantar, no primeiro sentido da palavra, é deixar que se depositem as partículas sólidas e turvas em suspensão em um líquido. Assim é que um bom Bordeaux fica limpo... Em nós também se desfralda uma algazarra de emoções, um acúmulo de estresse que nos transtorna, muitas vezes sem que o saibamos. Sem falar desse infarto de informações que correm o risco de provocar em nós uma implosão! Há, portanto, uma necessidade vital, hoje mais do que nunca, de seguir a maneira de agir de Etty, que convida a um colocar-se a distância desse fluxo de emoções, a uma descontração, a um soltar-se.

Paulatinamente, esse trabalho de desobstrução empreendido por Etty a conduz, para além dos escombros que atrapalham e obstruem, até a soleira de um poço bem profundo, a que ela escolhe chamar de "Deus" (55). Ela confidenciará a seus Cadernos: "Uma hora de paz – é preciso aprender... e não é tão simples. Criar dentro de si uma grande e vasta planície, livre dos arbustos dissimulados que nos barram o caminho – esta deveria ser a meta da meditação. Deixar entrar um pouco de 'Deus' em si, assim como há um pouco de 'Deus' na Nona Sinfonia de Beethoven. Deixar entrar também um pouco de 'Amor' em si, não um amor de luxo, de uma meia hora, de que te regalas, contente com a elevação de teus sentimentos, mas um 'Amor' do qual se pode passar algo para a modesta prática cotidiana" (36).

Etty não poderia mergulhar na Bíblia que Spier lhe mostrara e fizera saborear? Com finura, ela observa que o momento para isso ainda não lhe chegou, pois ela correria o risco de abordar esse livro de maneira demasiado cerebral.

Em breve, nesse lento trabalho de restauração de si mesma, o desgosto e a lassidão que ainda assaltam Etty, assim como os dolorosos chamados que lhe dirige seu corpo, já não vão abatê-la. Ele pode aguentar o golpe com o melhor de suas forças. Do país da disparidade, onde ela girava em círculos infindos, ela entra no país da simetria: dessa forma, completa-se a obra da criação de Deus.

Para Etty, entrar em si mesma é uma "decisão" que implica capacidade de agir, prioridade, iniciativa, determinação, energia, boa vontade e cumplicidade do corpo...

Consigo verificar se essa "decisão" já é um pouco minha, e encontrou meio de traduzir-se em minha vida e no combate de minha oração?

Hineinhorchen: escutar interiormente

... Continuar a amar, a estar à escuta de si mesma, dos outros, da lógica desta vida e de ti. *Hineinhorchen*, "escutar interiormente": eu gostaria de dispor de um verbo bem holandês para dizer a mesma coisa. Com efeito, minha vida não passa de uma perpétua escuta "interior" de mim mesma, dos outros, de Deus. E quando digo que escuto "interiormente", na realidade é mais Deus que, em mim, está à escuta. O que existe de mais essencial e de mais profundo em minha escuta é a essência e a profundidade do outro. Deus escuta Deus (207-208).

Etty, portanto, escolheu deter o "trem louco" de sua vida: uma hora, todas as manhãs, será consagrada a pacificar suas turbulências, a desemaranhar seus labirintos, a fluidificar seus congestionamentos interiores. Pôr em prática tal decisão já é ter percorrido um bom pedaço de caminho e já é não se deixar influenciar por essa tentação de exterioridade permanente a que Pascal denominava "divertimento": "... a única coisa que nos consola de nossas misérias e, no entanto, a maior de nossas misérias. Pois é isso que nos impede principalmente de pensar em nós, e que nos faz perder-nos insensivelmente" (*Pensamentos*, 128, Lafuma).

Agora que Etty vive deliberadamente orientada para sua mais profunda intimidade, que paisagens novas vão-se descortinar diante de seus olhos?

Ocorre-lhe uma palavra: *Hineinhorchen*. Etty não encontra nenhum equivalente holandês para traduzir o sentido desse verbo alemão tão denso e de tão profunda penetração. "Escutar interiormente": é uma escuta que não se identifica nem com a leitura, nem com o estudo, nem com o pensamento, nem com a ação. A estes "atos do espírito", Etty já está mais do que acostumada. Essa pseudo "vida interior" já a travou suficientemente, até aqui, ao que ela chama de "desregramentos e orgias do espírito"! "Talvez eu me identifique demasiadamente com o que leio e estudo. Dostoievski, por exemplo, ainda é capaz de me despedaçar, não sei como. [...] Não será à força de pensar que me ajudará a libertar-me" (57-58).

Hineinhorchen é outra coisa totalmente diferente: uma escuta de todo o ser que se desdobra para o real, sem que esse movimento se curve sobre si mesmo em todas as sutilezas do amor-próprio.

Para levar em consideração todo o real, essa escuta decide permanecer na percepção dos seres e das coisas. Nada mais natural, alguém poderá pensar, do que tal percepção sensorial mediante o ouvido, o tato, a visão, o paladar e o olfato; percepção espiritual também, uma vez que nos damos o direito de experimentar este ou aquele sentimento – falamos de bom grado, neste caso, de tomada de consciência. Ora, "permanecer na percepção" está longe do nosso ser habitual. Tão logo percebemos algo, apressamo-nos em classificá-lo, analisá-lo, planejá-lo ou simplesmente ruminá-lo. "Pensamos" o real com a intenção de mudá-lo e entrar em "ação". Dessa forma, a percepção fica reduzida à porção conveniente. Perceber as coisas sem inicialmente reagir para tentar mudá-las é uma atitude bem rara no Ocidente. Na falta de acolhida daquilo que é, o "fazer" do qual somos tão ávidos corre o risco de não passar de um álibi no qual nos precipitamos, tão complexo é o real e onerosa sua consideração.

Um desvio para a oftalmologia nos ensina que há uma lacuna em nosso campo visual devido à insensibilidade de determinados pontos da retina: é o escotoma. Este termo passou para a psicologia para indicar que nós excluímos inconscientemente do campo de consciência extensões inteiras da realidade. É uma experiência cotidiana, de fato, que certas percepções contrárias à paixão ou aos preconceitos são neutralizadas em nós: elas não conseguem transpor o umbral da consciência ou não o ultrapassam senão no estado de dados insignificantes e sem a menor importância. Ao escutar interiormente, Etty aprende a não reconduzir o real a suas sinceridades sucessivas que não passam de visões parciais. Ela aprende a não reduzi-lo a seu limite de avidez e de impaciência. Aprendizagem difícil, se é que existe outra! A seu modo, ela poderia dar a seus Cadernos o título magnífico que Gandhi reservou à sua autobiografia: *Meus embates com a verdade.*

Tudo o que lá se encontra não tem o direito de lá estar? Nessa disposição de acolhida integral que é a escuta interior, Etty é atingida em sua afetividade, dado que ela é dotada de uma porosidade, de uma permeabilidade que a faz aderir a tudo o que a toca. Nela, as falhas são coladas a nu, abrem-se fendas que poderiam desagregá-la: "alma sem epiderme", a quem faz mal a mais fugidia das impressões (56). É no cotidiano que ela é levada a distinguir a diferença entre duas atitudes sublinhadas pelos verbos *fortalecer-se* e *endurecer-se*: "Creio que me fortaleço a cada dia... mas, provavelmente, jamais me endureceria" (197). Ao abrir-se a todo o real, Etty deve acostumar-se a coisas penosas, a adquirir uma epiderme, a tornar-se como o aço aquecido, mergulhado em um banho frio. Ela deve fortalecer-se, ela que se descobre enérgica e sem forças ao mesmo tempo, permanecendo totalmente vigilante para não se endurecer, ou seja, para não se blindar.

Salomão não encontrara nada de mais belo do que pedir a Deus que o convidava a isso: "Concede a teu servo um coração que escute". Tal é o caminho de Etty. E Deus jamais está longe de uma liberdade que floresce. Não está ele perto daqueles e daquelas que o buscam?

Como vivemos com nós mesmos? Pensamentos vão e vêm, desarrumam-se. Alguns têm a banalidade das preocupações cotidianas. Outros estão carregados de angústia... Espanto-os a golpes da vontade? Ou experimento, ao não afugentá-los, bem como ao não cultivá-los, a não violência em relação a mim mesmo, uma paciência desprovida de complacência?

Perdoar aos meus pais seus limites

Mischa avisou-me que papai viria no sábado à noite. Primeira reação: "Que azar! Minha liberdade ameaçada. Que aborrecimento! O que vou fazer com ele?". [...] De fato, eu o amo muito, mas com um amor complicado (ou que o foi): forçado, crispado e misturado com piedade, que me parte o coração... [...] Agora devo perdoá-lo no fundo de mim mesma. Ao dizer-me (e ao pensar nisso realmente): "Que sorte se ele pudesse divertir-se um pouco durante alguns dias!". E eis uma oração da manhã que vale bem por duas (83-84).

Mamãe. Uma explosão repentina de amor e de piedade levou consigo todas as minhas pequenas irritações. Naturalmente, cinco minutos depois elas estavam de volta. Mais tarde, porém, durante o dia, e à noite, ainda, esse sentimento: um dia virá, talvez (quando estiveres bem velha), quando ficarei um momento contigo e poderei explicar-te tudo o que há em ti e libertar-te também de tua angústia, pois pouco a pouco começo a compreender teu jeito de ser (96).

Amar seus pais no mais profundo de si, ou seja, perdoar-lhes todas as dificuldades que fizeram você suportar pelo simples fato de eles existirem: pela dependência, pelo desgosto, pelo peso da complexidade de suas vidas, acrescentado ao fardo já pesado das suas próprias dificuldades. Escrevo as piores imbecilidades. Mas, enfim, não é nada grave (83-84).

"Escutar-se interiormente" é ouvir de onde viemos e medir todas as nossas dependências. A matriz de todas essas dependências, bem como a fonte da falta de liberdade que nos atinge e atravanca nossos caminhos de crescimento, encontra-se frequentemente lado a lado com nossos pais. Com efeito, essa relação primordial pode revelar-se uma armadilha na qual estamos como que presos sem que o saibamos. Esse foi o caso de Etty. Desde já, somos convidados a engajar--nos em um processo no qual a relação com os pais reais está menos em causa, como a própria Etty observará (85), do que o pai ou a mãe interior que conservamos em nossa memória afetiva muitas vezes ferida.

Etty nasceu da união de um homem descrito como "reservado, erudito, cheio de humor", e de uma mulher que a introdução à edição completa dos escritos de Etty apresenta como "superocupada, caótica, extrovertida e dominadora". Para uma visão mais precisa da constelação familiar de Etty, remetemos os leitores à nota biográfica do começo deste livro.

Durante muito tempo, as relações de Etty com seus pais foram marcadas por confrontos, por atritos, por uma irritação surda. Principalmente com sua mãe: "Tento vê-la objetivamente e amá-la um pouco, mas não posso evitar de dizer a mim mesma, no fundo de meu coração: 'Que pobre velha biruta!'". Mas também com seu pai, mesmo que com mais cumplicidade e conivência: "Meu pai chegou inopinadamente. Muito aborrecimento de uma parte e de outra...".

Diante dessas relações tensas, como Etty reage? Permanecendo fiel a seu princípio de não fugir daquilo que lhe acontece. Ela não nega seus sentimentos negativos, ou melhor, nomeia-os e supera-os pouco a pouco, até chegar a converter esses movimentos de disposição de espírito em uma oração bem peculiar. Desse modo, a propósito da vinda de seu pai: "Que sorte se ele pudesse divertir-se um pouco durante alguns dias! E eis uma oração da manhã que vale bem por duas". Originalidade de palavras que não são jamais tomadas emprestadas, porque nascem da densidade de sua experiência singular.

Desse modo, os laços com aqueles de quem recebemos a vida raramente são simples. Muitas vezes são sobrecarregados de expectativas malogradas e de repreensões. E vemos que Etty não foge à complexidade desse labirinto. Mas, nessa como em outras matérias, ela assume uma atitude exigente, escolhe uma via escarpada, que vamos considerar mais de perto.

Antes de tudo, e é um primeiro passo, ela é levada a reconhecer e a constatar o clima do domicílio dos pais em Deventer. Observa Etty, por ocasião de um retorno à casa familiar: "O que mata vocês aqui são os problemas não resolvidos, a instabilidade da atmosfera, uma situação caótica e aflitiva que encontra seu reflexo na desordem da casa... A vida desta casa afoga-se nos detalhes insignificantes... Acabarei neurastênica profissional se ficar muito tempo aqui. A questão é que nada se pode fazer: nem ajudar nem intervir" (49).

Em seguida, o segundo passo: Etty ultrapassa a única constatação para dedicar-se a compreender como as duas personalidades tão díspares de seus pais se chocavam: aos gritos ásperos de sua mãe, o pai responde apenas com o bater de portas, para entregar-se às suas caras leituras!

Compreender, também, como ela sublinha na mesma página de seus Cadernos, a parte que assume nesse contexto: "Essas dores de barriga tampouco me fazem muito amável". E de exortar-se: "Vamos, Etty, controle-se!". Ela chega, assim, a compreender que os pais: "se deixaram submergir pela complexidade infinita da vida e jamais souberam fazer uma escolha. Concederam aos filhos uma liberdade de movimento demasiado grande, jamais puderam dar-lhes pontos de referência, porque eles próprios não os haviam encontrado" (95).

Fundamentalmente, Etty dá-se conta, dolorosamente, de que determinadas palavras ou atitudes de seus pais são como o eco do vazio e do caos que ela encontra em si mesma, mas do qual busca justamente desvencilhar-se. Etty vê desenhar-se, cada vez mais nitidamente, sua missão: "conceder a seus pobres talentos errantes, que jamais foram fixados nem delimitados, a possibilidade de crescer, de amadurecer e de encontrar sua forma" nela (id.), realizar suas potencialidades que ficaram no estado de esboço ou abortadas na vida de seus pais.

Eis que essa compreensão liga-a de maneira viva às suas raízes, em uma interdependência e até em uma solidariedade eficaz. No final de seu diário, as palavras de sua oração se transformarão: "Senhor, faze-me menos desejosa de ser compreendida, mas faze-me compreender".

O terceiro passo de Etty em direção a seus pais é um passo de perdão, de comunhão profunda e de pacificação. Passagem obrigatória pelo perdão, antes de tudo, a respeito do qual lemos as palavras muito fortes a que ela se arrisca:

"Perdoar a seus pais todas as dificuldades que fizeram você suportar pelo simples fato de eles existirem: pela dependência, pelo desgosto, pelo peso da complexidade da vida deles, acrescentado ao fardo já pesado das suas próprias dificuldades" (84).

Essa etapa difícil supõe estar-se autorizado a viver os precedentes: reconhecer e compreender. Uma maturação interior opera-se em Etty, convidando-a a não reduzir seus pais ao silêncio mediante reprimendas, ainda que legítimas, que ela podia dirigir-lhes. É unicamente a partir daí que pode começar a assumir, sem fugas, a responsabilidade de seu próprio itinerário e entrar na serenidade de laços que renunciaram a fundar-se sobre a exigência ou sobre o ressentimento.

Em breve ela sofrerá por não poder ficar próxima de seus pais, que moram a apenas duas horas de trem de sua casa. Os judeus, com efeito, são obrigados a residir em lugar determinado na cidade e no bairro. E mais tarde, quando seus pais se juntarem a ela em Westerbork, o sinistro campo de concentração pelo qual os judeus dos Países Baixos "transitaram", Etty ficará sensibilizada ao ver a capacidade de reação deles diante dos acontecimentos: "Meus pais reagem com uma coragem sublime: estou orgulhosa deles". Em seguida, virá a conivência de um dos últimos passeios com seu pai pelo campo, em uma paisagem de contexto que Etty compara a um verdadeiro deserto, com vento de areia que corta a respiração, os tremoços roxos, cravos dos prados e graciosos pássaros que parecem gaivotas: "Os judeus no deserto! Faz tanto tempo que conhecemos esta paisagem!". Etty estará lá para ouvir o suspiro "deste papaizinho encantador e gentil", tomado pela tentação de renunciar.

Esse é, de um lado, o caminho de reconciliação de Etty consigo mesma, até as raízes que a sustentam: "Não és tu que sustentas a raiz, mas a raiz sustenta a ti" (Rm 11,18). Etty chegou a um reconhecimento respeitoso, capaz de devolver cada um a sua própria história. Essas duas orientações bíblicas essenciais, que são "deixar pai e mãe" e "honrar seus pais", ele chegou a aliá-las a seu modo, sempre tão pessoal.

No dia 7 de setembro de 1943, Etty embarcará, no mesmo comboio que seus "caros" pais, para Auschwitz.

Etty dá seu testemunho: nossos pais são, para nós, "barqueiros de vida", mas "a travessia pode ser acidentada e deixar algumas sequelas" (S. Pacot). Reconhecer, compreender, perdoar nossos pais faz parte plenamente de uma atitude espiritual. Enquanto esse trabalho não tiver começado, nosso coração profundo não pode encontrar repouso.

Como esse trabalho empreendido por Etty ressoa hoje em minha própria história?

Sozinha: entregue à minha própria guarda

Processo longo e doloroso é esse nascimento para uma verdadeira independência interior. Certeza cada vez mais firme de não dever esperar dos outros nem ajuda, nem apoio, nem refúgio, jamais. Os outros são tão incertos, tão falhos, tão indefesos quanto tu mesmo. Tu deverás ser sempre o mais forte. Não creio que seja de tua natureza encontrar junto a outra pessoa as respostas para tuas perguntas. Tu serás sempre remetido a ti mesmo. Não há mais nada. O resto é ficção. No entanto, é duro ser reconduzido incessantemente a essa verdade. [...] E quando, aos vinte e sete anos, descobrimos "verdades" tão duras, às vezes isso nos enche de desespero, de solidão e de angústia, mas nos dá também um sentimento de independência e de orgulho. Estou entregue unicamente à minha própria guarda e deverei bastar a mim mesma. O único critério de que disponho sou eu mesma. Não paro de repeti-lo. E a única responsabilidade de que poderás encarregar-te nesta vida é a de tua pessoa. Mas, então, será preciso fazê-lo plenamente. E agora telefonar para S. (69).

Admirável e indispensável etapa no caminho de Etty, como em toda via espiritual: aprender a ser só. Sem essa aprendizagem, nossas relações com os outros e com Deus ficam corrompidas pela possessividade. De onde vem esse laço sutil que lançamos sobre as pessoas, essa vontade de conservar constantemente o outro em nosso campo de visão ou de querer que ele nos mantenha no seu? De um medo visceral, inaudito, de encontrar-se só e abandonado, mas também – visto que todo medo é o reverso de um desejo – de uma sede absolutamente insaciável de ser amado. Nosso medo do abandono nutre-se muitas vezes de feridas antigas, vividas na infância. A angústia de ser rejeitado e a expectativa agitada de segurança e de simpatia que a acompanha podem levar-nos a conservar uma dependência doentia em relação aos outros: dúvida, culpa e frustrações alteram, então, nossas relações com o outro. Etty sabe algo a esse respeito...

Ao reconhecer esse tormento é que ela começa a sair dele. Constata-o no início de seu Diário: "Leve mudança de hierarquia em minha vida". Ela explicita que, antes, o rosto de Spier aparecia-lhe constantemente, confundindo-se com os autores que ela estudava, de modo que já não conseguia continuar sua tarefa; ao passo que, em seguida, o rosto dele estará sempre lá, mas como uma paisagem amada e familiar, como pano de fundo.

Antigamente, quando ela achava bela uma flor, teria desejado comprimi-la sobre o peito ou comê-la. Da mesma forma, ao contemplar a copa de uma árvore no crepúsculo: o que ela achava belo, desejava-o de maneira demasiado física, queria possuí-lo, empanturrar-se dele. Ela admite que isso a esgotava... "Um tipo de onanismo", observa ela, ou seja, uma maneira de se excitar indefinidamente em produzir um gozo estéril, que não pode senão exacerbar, sem jamais apaziguar. E eis que, de repente, tudo muda.

Por quais vias interiores, ela o ignora. Mas essa mudança está aí, patente. Prova-o a capacidade de análise com a qual ela pode retrospectivamente reler um acesso de ciúmes em relação a Spier: "Ele tocou-me no mais profundo de meu ser... Eu queria, portanto, que ele fosse meu, e todas essas mulheres das quais ele falara, eu as odiava... O que me resta, então? Eu me sentia infeliz e solitária..." (23).

Etty dá-se conta de que mesmo o ato de escrever pode ser uma maneira enviesada de procurar apropriar-se das coisas mediante palavras e imagens. Desse modo, nela opera-se um começo de nascimento para uma verdadeira independência interior. Sente-se liberta de seu furor de posse e rejubila-se ao constatar esse progresso, mesmo que nem sempre tenha sido feito sem sofrimento. Apesar das ondas de solidão, de desespero e de angústia que, por vezes, refluem, ela conserva a direção da liberdade "nascente, descobrindo que o único critério de que alguém dispõe é a si mesmo". Não para viver murada em uma autossuficiência que não passaria de isolamento orgulhoso – o coração que ela descobre em si está, ao contrário, pleno de paixão, mas nunca por um único ser –, mas, antes, para desenvolver a responsabilidade única que encontra em si, a de sua própria pessoa.

Solitariamente... é preciso, então, carregar plenamente essa responsabilidade, esclarece ela. E abrir o campo de sua responsabilidade, monetizando em todas as direções sua escolha de liberdade: telefonar para Spier; não se deixar contaminar pelo abatimento das pessoas naqueles tempos de humilhações; outorgar-se uma meia hora de depressão e de angústia, não mais que isso; pôr em ação a escrita de novelas cujos títulos já a povoam; adivinhar a fonte de seus ímpetos de glutonaria...

Mas eis que, sobre esse fundo de independência interior crescente, desenha-se nela uma decisão mais central: "o 'casamento' com Spier – aquilo a que os bons burgueses chamam de matrimônio – eu não quero. É justamente a ideia de dever fazer sozinha meu caminho que me dá tal sentimento de força. Uma força nutrida de hora em hora pelo amor que experimento por ele e pelos outros... Prefiro estar sozinha, mas estar à disposição de todos" (197).

"Sozinha, mas à disposição de todos..." Quando soar, para Etty, a hora de viver até o fim a exigência dessa descoberta, a encontraremos capaz de enfrentar isso. Em nome da abertura para a humanidade inteira dessa capacidade de amar que nela aflora, terá a força de distanciar-se de Spier, debilitado por um câncer no pulmão, em um momento em que uma compaixão demasiado sentimental a teria aconselhado ficar junto dele, em Amsterdã. Ela prosseguirá seu caminho, certa de que o caminho mais curto entre dois seres passa pela fidelidade de cada um a si mesmo. Esse distanciamento – que não é nada e do qual ela medirá afetivamente o preço a pagar! – ela poderá aceitá-lo, não por um sobressalto de estoicismo, mas pela inesgotável Presença na qual ela se revigora sem cessar.

"Estou entregue unicamente à minha guarda", Etty gostava de dizer. Nem sempre é uma verdade fácil de carregar! Desse modo, após dez dias de um trabalho exaustivo no Conselho Judaico de Amsterdã, no momento em que a tristeza, tal como um desfraldar de velas, invade-a por um momento, aponta-lhe o pensamento do suicídio. "Mas, de repente, vem borbulhar na superfície, oriunda de poços ocultos, uma força que me ensina que não cheguei ao fim"; e que, ao mesmo tempo, assegura: você é capaz!

"Uma força oriunda de poços ocultos..." É mediante esse diálogo com Deus, mantido contra ventos e marés, que, aquela que escrevera "Nós devemos ser nossa própria pátria" (212), se enraíza cada vez mais solidamente em sua terra.

Não exigimos dos outros, muitas vezes inconscientemente, o que eles não nos podem dar? Quando nossos próprios amores se revelam incapazes de atingir o grito de nossa solidão essencial, não é isso um indício de que precisamos muito mais nos apoiar nesta Presença íntima que, sem pretender preencher nossa solidão, ajuda-nos a habitá-la...?

Carregar minha parte de um destino de massa

Resta-nos muito a suportar. Vão empobrecer-nos, e se esta situação se prolongar farão de nós uma massa miserável. Nossas forças já declinam a cada dia, não somente pela erosão da angústia e da incerteza, mas em razão de pequenas dificuldades, como a interdição de entrar nas lojas e a obrigação de percorrer longos trajetos a pé – o que já é, desde agora, exaustivo para muitas pessoas que conheço. De todos os lados se mostram os sinais pressagiadores de nosso aniquilamento; logo o círculo estará fechado sobre nós, interditando toda ajuda eficaz da parte das pessoas de boa vontade. Ainda existem muitas portas de saída, mas elas serão muradas uma após outra (159).

Cada um quer ainda tentar salvar-se, sabendo muito bem que, se não partir, outro o substituirá. Será que tem alguma importância que seja eu ou outro, aquele ou aquele outro? Tornou-se um destino de massa, comum a todos, e devemos sabê-lo. Jornada muito dura. Mas me reencontro sempre na oração. E rezar, eu poderei sempre fazê-lo, mesmo no lugar mais exíguo. E esse pequeno fragmento do destino de massa que devo carregar diretamente sobre mim eu fixo-o sobre meus ombros como uma trouxa, com nós cada vez mais e mais apertados, adiro a ela e já a carrego pelas ruas (168).

A Segunda Guerra Mundial está lá bem atrás de nós. Desse modo, graças ao recuo do tempo, podemos tomar a medida dos acontecimentos que compuseram essas páginas da história e tirar determinadas conclusões. Etty não tinha essa distância de que dispomos hoje. Foi hora após hora que ela viveu a guerra, especialmente a escalada do poder do antissemitismo, sem que a tragédia que seu povo ia padecer deixe ainda pressagiar toda sua amplitude. Os extremismos são todos perigosos desde o início, mas só progressivamente é que revelam as consequências práticas de suas perfídias! Como o humanismo profundo de Etty podia conceber – somente pelos indícios só depois sucedidos por alarmes cada vez mais fortes – a intenção perversa e exterminadora que estava em curso? Como podia ela render-se à evidência de que se recusava o direito de viver a todo um povo do qual ela fazia parte, de que sua própria vida se encontrava cada dia mais ameaçada?

O mal é sempre objeto de espanto para a consciência humana. Quer seja cometido em pequena ou em grande escala, ele sempre nos assalta inopinadamente, como se nosso ser não pudesse admitir sua existência senão com uma decalagem de surpresa e de incredulidade. Quanto mais conseguimos constatar os efeitos do mal e decodificar seus mecanismos, tanto mais a malícia e a perversidade como tais parecem escapar aos recursos de nosso entendimento.

Etty conheceu esse sobressalto de estupefação, lapso de tempo em suspenso, em que a consciência recusa-se a acreditar no que vê. Contudo, diante da envergadura dos acontecimentos, ela foi levada, progressivamente, a compreender o alcance exato daquilo que estava sucedendo. E suas palavras caem, uma a uma, sobre o papel, sobriamente e com uma precisão inapelável: "Vão empobrecer-nos... De todos os lados se mostram os sinais pressagiadores de nosso aniquilamento... Ainda existem muitas portas de saída, mas elas serão muradas uma após outra...".

Doravante forçada a reconhecer o caráter irremediável desse "episódio da história como jamais houve igual", Etty forja uma expressão para falar sobre isso. "Tornou-se um 'destino de massa'", dirá ela. Uma única palavra alemã, no texto original, como para selar sua nova tomada de consciência: "Massenschicksal"! Etty já está por dentro do que está acontecendo. "Jamais se havia visto perseguição sob essa forma totalitária, organizada em escala de massas, englobando toda a Europa." Palavras datadas do dia 10 de julho de 1942! Etty pressente – e os fatos, infelizmente, lhe darão razão – "que essa perseguição deixará aos judeus pouquíssimas chances de se livrarem dela". Todo um povo, seu povo, levado no turbilhão alucinado de uma ideologia assassina!

No ano seguinte, mergulhada na atordoante miséria do campo de Westerbork, Etty narrará: "... Outro dia encontrei uma jovem que começou a dizer-me que, se ela estava em Westerbork, era por puro acaso". E Etty comenta: "Existe aí um fenômeno geral absolutamente espantoso: cada um pensa que 'seu' caso é devido a um acaso infeliz; ainda estamos bem longe de uma consciência histórica comum" (267).

Essa "consciência histórica comum" vai se tornar cada vez mais forte em Etty. Em uma carta perturbadora de 24 de agosto de 1943, ela dirá que se sente permanentemente como os olhos e os ouvidos de um lado da história judaica. Para ela, transpor esse salto de consciência que, da história individual, situa-a, pouco a pouco, na história coletiva é entrar em solidariedade com o gênero humano. Tal etapa é capital. E confirma a autenticidade da marcha espiritual de Etty.

Com efeito, é uma das apostas de todo verdadeiro itinerário espiritual: ultrapassar o egocentrismo inerente a uma busca inicial para acolher esse crescimento do ser que se universaliza e se empenha na comunhão... Viver essa "passagem" supõe escolhas. Ao seu redor, Etty vê alguns que não hesitam em salvar a pele ao preço da segurança dos outros, agarrando-se ao menor pedaço de madeira como tábua de salvação. "Eu não quero saber desses trapos de papel pelos quais os judeus se entregam a uma luta de morte", dirá ela a respeito de "listas reunidas", supostamente para proteger determinadas categorias de judeus da deportação, oferecendo-lhes, porém, na realidade, uma segurança apenas ilusória. "Eu gostaria de estar em todos os campos semeados pela Europa... não quero estar, de maneira alguma, em segurança; quero estar no teatro das operações, suscitar uma tímida confraternização entre esses 'inimigos'"... (235).

Pressionada a colocar-se em lugar seguro por amigos que invocam seu grande potencial, Etty recusa-se a isso: "É superestimar-se singularmente crer-se demasiado valioso para compartilhar com os outros um 'destino de massa'". Então, fatalidade de massa ou fatalismo de Etty? "Não é verdade que eu queira ir ao encontro de meu aniquilamento com um sorriso de submissão nos lábios", responde firmemente Etty àqueles que lhe atribuem ardores de camicase! (174).

Etty reconhece experimentar dificuldades em traduzir exatamente em palavras o sentido do caminho que ela toma. "Quando digo aos outros: 'De nada serve fugir ou se esconder: não escaparemos. Vamos, tentemos fazer ainda o que pudermos pelos outros', passo demasiado a impressão de resignar-me. Nisso transparece coisa completamente diferente do que quero dizer" (166).

Há um momento na vida em que a necessidade interior que nos impulsiona a "ir" domina a necessidade exterior que nos parece imposta. Etty descobre-o. Esse momento não é aquele em que, contra toda aparência, exercemos mais nossa capacidade de resistência e de liberdade?

"Viver esta vida até meu último sopro com toda consciência e convicção possíveis... Não é uma forma de trabalhar pela posteridade, a fim de que esta não tenha de recomeçar do zero, e encontre menos dificuldades?", perguntava-se precedentemente Etty (144-145).

Solidariedade humana horizontal, através do espaço, e vertical, através do tempo... Carregar seu "pequeno fragmento do destino de massa" introduz Etty em uma confraternização bem mais ampla do que sua consciência pode imediatamente compreender...

"Jornada muito dura... Mas me reencontro sempre na oração", confiava Etty. São esses reencontros da oração que a ajudam a fixar sobre seus ombros, com nós cada vez mais apertados, esse pequeno fragmento de um destino de massa que ela deve carregar diretamente sobre si.

Um dos critérios de uma verdadeira oração é que apresente nossas responsabilidades, até nos ajudar, às vezes, a não mascararmos situações carregadas de implicação para nós.

Orar me ajuda realmente a não fugir da realidade de minha vida?

Digo adeus a cada dia

Ainda alguns dias atrás, eu pensava: o pior, para mim, será ficar privada de papel e de lápis para situar-me de tempos em tempos – para mim, é uma necessidade absoluta, senão, com o tempo, algo explodirá dentro de mim e me aniquilará interiormente.

Hoje tenho uma certeza: quando se começa a renunciar às suas exigências e seus desejos, pode-se renunciar a tudo. Aprendi-o no decurso de alguns dias. [...] Vou colocar meus papéis em ordem; digo adeus a cada dia. O verdadeiro adeus já não será, então, senão uma pequena confirmação exterior do que se realizará em mim dia após dia. [...] Sou eu mesma que escrevo aqui com tanta paz e maturidade? E saberão compreender-me se digo que me sinto espantosamente feliz [...]? Mal ouso continuar a escrever; é estranho: pode-se até dizer que extrapolo em meu desinteresse em relação a tudo o que, para a maioria, produz um verdadeiro embrutecimento. Se sei, se sei com certeza que vou morrer na próxima semana, sou capaz de passar meus últimos dias à minha escrivaninha a estudar com toda a tranquilidade; mas isso não seria uma fuga: agora sei que vida e morte estão unidas uma à outra com um laço profundamente significativo. Será um simples deslizar, mesmo se o fim, em sua forma exterior, for lúgubre ou atroz (158-159).

Clarividência admiravelmente premonitória de Etty. No momento em que o terror se avoluma, quando o torno se fecha, Etty vive cada dia com "a consciência das terríveis possibilidades que podem realizar-se a qualquer momento" para ela própria e para aqueles que lhe são caros. Nada mais é improvável. O horror orquestrado se dá em tal escala que prende em sua armadilha homens, mulheres e crianças, sem que nada pareça poder resistir-lhe. A lucidez de Etty é total, sem concessão: "logo o círculo se fechará sobre nós".

Pressionada por essa ameaça cujos contornos cada dia se tornam mais nítidos, Etty poderia viver como um animal acuado, retrair-se no estupor e no acabrunhamento. Mas se justamente nesses entrincheiramentos é que Etty é impulsionada pela aceleração das medidas antissemitas, não seria aí que faria do medo e da prostração seus companheiros. Muito ao contrário, ela torna-se atenta à doçura e à confiança que sente crescer em si a cada dia. Etty está feliz, capaz de se deixar ainda comover por um tumulto de gritos de pássaros ou por um gerânio que continua dia após dia a cobrir de vermelho o ambiente. Nenhuma fuga, nenhuma exaltação nessa felicidade, somente a consciência de todo o bem que existiu em sua vida. Longe de ser reprimida por todo o resto, essa consciência impregna-a sempre mais e lhe dá força. Com ela, aumenta também a intuição de que essa força a tornará capaz, talvez um dia, de tudo assumir, de tudo suportar.

Dado que se aproxima a morte que estende por toda parte a sombra de seu passo funesto, ela decidirá abrir-lhe um espaço em si. Ela vai expandir sua aquiescência à vida, integrando nesta seu consentimento à morte. Nenhuma morbidez nessa atitude, ao contrário, um apetite de viver que recusa deixar-se extinguir, mesmo pela ameaça de uma morte iminente.

Uma vez que a enormidade do horror é tamanha que tudo o que se poderia tentar para subtrair-se disso parece irrisório e votado ao malogro, Etty vai fixar-se em integrar em sua vida a eventualidade da morte. Escolher antes que padecer. Etapa decisiva em seu itinerário.

> Ao nosso fim, provavelmente lamentável, que se desenha desde agora nas pequenas coisas da vida cotidiana, criei-lhe um espaço em meu sentimento da vida, sem que ele se ache diminuído por isso. [...] Isto parece um paradoxo: ao excluir a morte da vida, a gente se priva de uma vida completa, e ao acolhê-la, a gente expande e enriquece a vida (145-146).

Essa decisão de Etty constitui um verdadeiro ponto de apoio sobre o qual se vai fundar sua disponibilidade para o futuro, e não somente para as possibilidades extremas que esse futuro encerra.

Essa aceitação nova, longe de ser abstrata, implica, para Etty, uma maneira bem concreta de viver no cotidiano. Dado que a morte insinua-se desde o presente mediante mil privações e humilhações, a partir de então ela vai aclimatar-se a certo desapego, convencida de que o que se obtém livremente de si mesmo é mais solidamente fundado e mais durável do que o que se desenvolveu sob a coação.

Pouco a pouco ela se despede de certos bens. Assim, ela, que sabe apreciar uma xícara do verdadeiro chocolate holandês e comer com paixão uma fatia de pão com mel, vai-se contentar com um almoço mais frugal e com aprimorar uma leve penúria... "Eu me acostumaria muito melhor à ideia de minha partida se concretizasse esse adeus em uma série de pequenos atos, de maneira a não receber a 'expiração fatal do prazo' como um golpe mortal" (164).

A uma amiga escandalizada por ser privada do contato tão necessário com a natureza – interdição feita aos judeus de circular nos parques e jardins públicos –, Etty recomenda: "Procura viver com as três árvores que estão diante de tua casa como se fossem uma floresta". Nada de cinismo, nem de humor negro neste conselho. Tampouco nenhuma fuga. Antes, um convite a opor ao mal os recursos ativos de nossa propriedade mais indestrutível, a de encontrar e desenvolver em nós novas faculdades. Precisamente o contrário de toda resignação.

Se alguém fica mergulhado no mal que a injustiça lhe faz, é como se deixasse a injustiça golpeá-lo duas vezes: uma primeira vez, porque é atingido por seu caráter injusto; uma segunda vez porque, ao fixar-se sobre o mal que lhe é feito, ele o padece de maneira ampliada. Buscar desviar a atenção do prejuízo sofrido, exercitar o olhar para ver nas três árvores uma floresta, em vez de se deixar aniquilar pelas leis desonrosas cuja meta é precisamente fazer silenciar o homem no homem: eis o que resume a atitude posta em prática por Etty.

Como não pressentir a doce e lenta educação do coração, necessária para poder, aos poucos, entrar em tais disposições? Captar a precariedade, a privação, o provisório, o incerto como ocasiões de se concentrar sobre o essencial. "Cada dia despoja-nos de um pouco de mediocridade", confia Etty... "Sinto milhares de fibras me amarrarem ainda a tudo o que está aqui. Eu deveria cortá-las uma a uma, içar cada um dos meus tesouros de maneira a nada deixar atrás de mim no momento em que eu levantar âncora" (195). Confissão pungente da determinação corajosa de Etty.

Outro contexto, outros tempos diferentes do nosso. No entanto, essas palavras podem ressoar aí de maneira particular. A hora do levantar âncora não soará um dia para cada um de nós? Cada dia que passa nos aproxima do derradeiro, às vezes ouvimos dizer. Etty vai mais longe. Cada dia que passa nos prepara para isso, não importa quão pouco consentimos nisso. "Digo adeus a cada dia. O verdadeiro adeus, então, já não será senão uma pequena confirmação exterior do que se realizará em mim dia após dia". Com o risco de exceder o pensamento de Etty, não podemos evocar o a-Deus em seu sentido original e ousar essa esperança: cada dia que passa nos aproxima do primeiro?

Como desfrutar plenamente a vida que me é concedida, tornando-me atento, no cotidiano, a tudo o que me lembra de que "não tenho aqui em baixo morada permanente" (Hb 13,14)?

Metamorfosear a adversidade

Para humilhar, é preciso haver dois. Aquele que humilha e aquele a quem se quer humilhar, mas, sobretudo: aquele que quer mesmo deixar-se humilhar. Se falta este último, com outras palavras, se a parte passiva estiver imunizada contra toda forma de humilhação, as humilhações infligidas se esvaem em fumaça. O que resta são medidas vexatórias que desarrumam a vida cotidiana, mas não essa humilhação ou essa opressão que acabrunha a alma. É preciso educar os judeus nesse sentido. Esta manhã, percorrendo de bicicleta o Stadionkade, encantei-me com o vasto horizonte que se descortina às margens da cidade, e respirei o ar fresco que ainda não nos foi racionado. Em toda parte, cartazes a proibir aos judeus os pequenos caminhos que levam à natureza. Mas, acima dessa ponta de estrada que nos resta aberta, o céu se estende inteiramente. Ninguém pode fazer nada contra nós, realmente nada. Podem tornar-nos a vida muito dura, despojar-nos de certos bens materiais, tirar-nos certa liberdade de movimento completamente exterior, mas nós mesmos é que nos despojamos de nossas melhores forças mediante uma atitude psicológica desastrosa. Ao sentir-nos perseguidos, humilhados, oprimidos. Ao experimentarmos o ódio. Ao alardear valentia a fim de ocultar nosso medo. Certamente alguém tem o direito de ficar triste e abatido, de vez em quando, devido ao que nos fazem sofrer; é humano e compreensível.

E, no entanto, a verdadeira espoliação, nós mesmos é que no-la infligimos. Acho a vida bela e me sinto livre (132).

Ao juiz romano que lhe dizia: "Sabes que tenho o poder de matar-te?", um mártir teria respondido: "Mas o senhor sabe que eu tenho poder de ser morto?". Etty reconstrói com precisão esta resposta. Estranha lógica que transgride todos os nossos raciocínios! Nós permanecemos livres pela acolhida que reservamos ao mal que nos é infligido, livres inteiramente através de nós mesmos: mensagem, a princípio, desconcertante. E Etty acrescenta, como se não bastasse: "A verdadeira espoliação, nós mesmos é que no-la infligimos". Estas palavras fortes podem parecer-nos totalmente inaudíveis. Podemos também nos enganar sobre o sentido delas. Tentemos entender bem Etty.

Nessa guerra que produz as manchetes dos jornais, Etty descobre que se joga outra guerra que cabe a cada um travar em si mesmo e que não está desligada da primeira. Para vencê-la o coração do homem deve ser educado. Deve aprender a "desarmar" as humilhações, como se faria com as bombas, a fim de que não subsistam "senão medidas vexatórias que desorganizam a vida cotidiana, mas já não podem acabrunhar a alma". Com efeito, ali é que está o importante: "a maneira de levar adiante, de suportar, de assumir um sofrimento consubstancial à vida e de conservar intacto, através das provações, um pequeno pedaço de sua alma" (167). Ideal mais admirável do que imitável? O que Etty nos entrega aqui é o fruto de uma descoberta realizada ao preço de uma luta incessante, retomada consigo mesma...

Fevereiro de 1942, atualidade dramática: não passa um dia sequer sem que Etty não saiba que alguém morreu sob tortura, que determinado professor ou antigo colega de classe, a quem se opunha antes, desapareceu ou foi aprisionado. No entanto, em uma manhã de inverno, enquanto espera o bonde com uma amiga de mãos arroxeadas pelo frio, dizem uma à outra: "É demasiado fácil esse desejo de vingança". Eis o que Etty conserva em seu diário como "o clarão de esperança da jornada": essa capacidade de não ceder ao desejo de vingança, apesar dos inúmeros motivos de aflição que poderiam empurrar para isso.

Cerca de um ano antes, essa ideia repentina já lhe ocorrera:

> Já não haveria senão um único alemão respeitável, que seria digno de ser defendido contra toda a horda dos bárbaros, e que sua existência vos tiraria o direito de versar vosso ódio contra um povo inteiro. A esse respeito, deve-se observar: é um pensamento libertador, que cresceu como um terno talo de erva ainda hesitante, no meio de uma selva de ervas daninhas (18).

Que metáfora! A questão é que a selva de ervas daninhas nos é bem conhecida: revolta, contra-ataque, sobrelanço na violência, acusação simplista e julgamento unilateral, ressentimento, ódio vazio, mas também tristeza e abatimento. Estas são quase sempre as reações primárias espontâneas do homem perante o que lhe é contrário e hostil. Ora, essa via, a mais fácil e a mais percorrida, Etty está cada vez mais persuadida de que é estéril e, ainda pior, contribui para propagar a gangrena do mal. E não é a maré negra, derramada cotidianamente sobre nossas telas, que desmentirá essa constatação.

Para Etty, existe somente uma solução: trabalhar para erradicar em si todo sentimento de ódio. Pois uma convicção se torna cada vez mais íntima dela: o menor átomo de ódio acrescentado a este mundo torna-o mais inospitaleiro do que já é. Ela chega até mesmo a ponderar que nossa única obrigação moral consiste "em decifrar em nós mesmos as vastas clareiras de paz e estendê-las, gradativamente, até que essa paz irradie para os outros. Pois, quanto mais houver paz nos seres, mais haverá também paz neste mundo em ebulição" (227).

"Decifrar em si mesmo clareiras de paz..." Isto pode revestir formas inesperadas. Um dia, Etty surpreende-se deixando escapar repetidas vezes a frase: "Tudo aqui está uma verdadeira merda!". Em seguida, como se reconsiderasse, ela interpela-se: "Por que empregar tão frequentemente essa palavra? Ela instala-se no ar, nele prolifera e o enfeia" (188). Haveria palavras, pensamentos poluentes? Em um mundo que se afirma tão sensível às poluições de todos os tipos, essa reflexão de Etty acerta bem na mosca! Preservar seu coração, seus pensamentos, seus lábios de tudo o que os estraga, e, mediante isso, até mesmo o risco de prejudicar a beleza do mundo: missão de saneamento público bem como dever de higiene pessoal. Mas como chegar a isso?

Para ajudar-se, Etty cultiva certa maneira de considerar o real. Com efeito, a educação do coração passa pela do olhar. E o que vê Etty? O que ela vê, para além dos avisos de interdição, é o céu. O céu que se estende inteiramente acima dela... Para ela, constituirá, ao longo do tempo, o símbolo de sua liberdade intrínseca, a lembrança de sua condição inalterável: "Ninguém pode fazer nada contra nós, realmente nada". Com efeito, ainda que a despojassem de tudo, ninguém poderia desapossá-la do céu, pedaço de ar livre, onipresente, que a abriga.

Exatamente um mês antes de sua deportação, Etty ainda escreverá: "À distância, de meu beliche vejo as gaivotas fazerem evoluções em um céu uniformemente cinzento. Elas são como outros tantos pensamentos livres em um espírito vasto" (307). Na véspera, um arco-íris acima do campo e o sol a refletir-se nos charcos haviam bastado para alegrá-la! Eis Etty presa no exercício prático dessa atitude interior duramente aprendida, docemente adquirida: pés na lama, mas coração a céu aberto. Entre os polos contrastados do real, ela mantém-se de pé, em uma tensão da qual aceita não fugir. Portanto, nada a ver com uma apologia piegas das nuvens e dos passarinhos!

Em uma vida, os motivos de decepção ou de amargura são numerosos. O real pode ser cortante, somos confrontados com muitas formas de contrariedade, às vezes até mesmo de hostilidade. Há uma maneira negativa de reagir a isso que constitui uma verdadeira hemorragia do melhor de nossas forças, ao que Etty chama de "uma atitude psicológica desastrosa". No combate em que nos achamos engajados, podemos educar o olhar de nosso coração, "orientá-lo" para Céus que não passam de materiais... É pouco e já é muito. Certamente, o resultado desse combate não nos pertence inteiramente. Contudo, cultivar um desejo, mesmo frágil ou embrionário, de não deixar nosso coração infectar-se pelo que o afeta é a mola de nossa liberdade.

Convite a encontrar a paz de coração em um concerto de sentimentos, palavras, encontros ou acontecimentos que muitas vezes a fazem perder-se...

E se rezar seja dispor-me a deixá-Lo dispor de mim, lá onde essa paz está mais do que ameaçada... Ousaria dizer-Lhe qual é meu tormento?

Vou ajudar-te a não te extinguires em mim

Vou ajudar-te, meu Deus, a não te extinguires em mim, mas nada posso garantir de antemão. Contudo, uma coisa me parece cada vez mais clara: não és tu que podes ajudar-nos, mas nós é que podemos ajudar-te – e ao fazermos isso, ajudamo-nos a nós mesmos. É tudo o que é possível salvar nesta época e é também a única coisa que conta: um pouco de ti em nós, meu Deus. Talvez possamos também contribuir para desvelar-te no coração martirizado dos outros. Sim, meu Deus, tu pareces bastante pouco capaz de modificar uma situação, afinal, indissociável desta vida. Não te peço contas dela; ao contrário, cabe a ti nos convocar a prestar contas, um dia. Parece-me sempre mais claramente, a cada pulsação de meu coração, que tu não podes ajudar-nos, mas que nos cabe ajudar--te a defender, até o fim, a morada que te abriga em nós. Há pessoas – alguém acredita? – que, no último momento, tentam colocar em lugar seguro aspiradores, garfos e colheres de prata, em vez de proteger a ti, meu Deus. E há pessoas que buscam proteger o próprio corpo que, no entanto, não passa do receptáculo de mil angústias e de mil ódios. Eles dizem: "Quanto a mim, não cairei nas garras deles!". Esquecem-se de que jamais estamos sob as garras de quem quer que seja enquanto estivermos em teus braços. Essa conversa contigo, meu Deus, começa a me devolver um pouco de calma. Iguais a ela, terei muitas outras contigo em um futuro próximo, impedindo-te, assim, de escapar de mim. Tu conhecerás também, sem dúvida, momentos de miséria em mim, quando minha confiança já não te alimentará tão fartamente, mas, crê-me, continuarei a laborar por ti, permanecerei fiel a ti e não te expulsarei de meu pequeno mundo (175-176).

Fim de junho de 1942, o governo polonês, exilado em Londres, manda comunicar pela rádio britânica que 70 mil judeus foram mortos na Polônia e nos territórios ocupados: Etty anota essa informação em seus Cadernos no dia 29 de junho. A deportação dos judeus da Holanda e da Europa para a Polônia está programada, já não resta dúvida. No dia 3 de julho, quatro dias mais tarde, Etty compreende todo o peso da informação: "O que está em jogo é nossa perda e nosso extermínio; a esse respeito, não há que se ter ilusões. 'Querem' nosso extermínio..." (143).

Toda uma série de medidas antissemitas já havia estreitado, como numa canga, suas idas e vindas. No dia 29 de abril de 1942, teve de carregar a estrela amarela. A partir de maio-junho de 1942, ela vê-se obrigada a viver sob o toque de recolher, a não mais telefonar e a comprar frutas e legumes somente nas lojas "reservadas aos judeus". Em seguida, haverá o banimento de milhares de judeus de Amsterdã para encaminhá-los ao campo de transição de Westerbork. No dia 11 de julho de 1942, ela depreende pelos boatos difundidos que, na Alemanha, "os judeus são emparedados vivos ou exterminados com gás asfixiante".

"Onde está o teu Deus?" (Sl 42[41], 11), indagam provocadoramente os contemporâneos, acerca do silêncio e da ausência de Deus. Com efeito, é a questão lancinante colocada à nossa fé, bem como à nossa cultura pela tragédia da *Shoah* (Holocausto) e que se impõe com uma acuidade sempre nova em cada tragédia.

Essa questão, Etty coloca para si, dirige-a a nós e discute-a com inteligência e clareza. Ela começa por desmanchar a armadilha de todo simplismo acusador: "Deus não deve prestar-nos contas das loucuras que cometemos. Nós é que devemos prestar contas!" (139). Com efeito, "se a vida tornou-se o que ela é, não é assunto de Deus, mas nosso" (166). O horror não acusa Deus, mas coloca em questão o homem! "Que o inferno seja uma invenção dos homens", parece-lhe cada vez mais uma "evidência total" (241).

Mas ela não se detém aí e eis que seu questionamento a leva a dar mais um passo em sua descoberta de Deus. Do "Deus de sua interioridade mais profunda, encontrada para além dos destroços de seu poço", vemo-la às voltas com "um Deus incapaz de modificar o curso destes tempos de terror". Esse Deus, em presença do qual ela permanece, revela-se mais impotente do que ausente da tragédia de seu povo.

Se o homem renunciar aos deuses que ele não para de criar para si – deus necessário, deus álibi de seus temores ou de suas covardias –, o que lhe restará? É o que Etty se põe a entrever: um fogo misterioso, ameaçado de extinção, se o homem deixa de alimentá-lo por sua confiança. "Vou ajudar-te, meu Deus, a não te extinguires em mim." Dança frágil de uma chama vacilante e teimosa, assinalada no coração de Etty com uma grandeza que a ultrapassa. Desse modo, ela chega a uma percepção completamente nova da relação com Deus: já não um Deus a quem recorremos para mendigar ajuda, mas um Deus a quem podemos ajudar: "Cabe-nos ajudar-te, meu Deus, e defender, até o fim, a morada que te abriga em nós...". Esse achado importante torna-se um motivo condutor nos Cadernos: "E se Deus deixa de ajudar-me, caberá a mim ajudar a Deus...".

Cinco dias antes de o comboio fatal partir para Auschwitz, Etty segreda a uma amiga:

> Tornamo-nos um ser marcado pelo sofrimento, pela vida. E, no entanto, esta vida, em sua profundidade inapreensível, é admiravelmente boa, Maria, volto sempre a este ponto. Por pouco que possamos fazer a respeito, apesar de tudo, que Deus esteja em boas mãos entre nós (343).

"Por pouco que..."! Ora, é sobre esse "pouco" que Etty vela com um cuidado ciumento. À noite, no momento em que se recolhe, deitada em seu estrado, acontece de lhe assomarem aos olhos lágrimas de gratidão, transbordamento que rompe os diques excessivamente cheios de uma emoção que lhe inunda o rosto. "É minha oração", dirá ela bem simplesmente.

Sua oração: ponto sagrado onde se encontram e se intercambiam, entre Deus e Etty, duas vulnerabilidades oferecidas. Pois Deus é, também ele, vulnerável, sofre esse maremoto de violência que joga os homens uns contra os outros. Quando seu amor renuncia ao poder que imporia sua lei, ei-lo exposto ao risco da rejeição e do sofrimento. Já não esse sofrimento com que estamos amiúde familiarizados, o de experimentar nossa impotência em amar, mas o sofrimento inerente à natureza mesma do Amor que devolve incessantemente ao outro sua liberdade.

Pode acontecer que, de maneira e em momentos inesperados, sejamos associados a esse sofrimento. Etty o experimentou. Aquele a quem ofereceu estar com ela em boas mãos torna-se, então, Aquele cujos braços a seguram: "Jamais estamos sob as garras de quem quer que seja enquanto estivermos em teus braços". Esses braços, nós o sabemos, não serão capazes de preservar Etty da morte física, mas sim da morte que ela sabe ser ainda mais medonha: a de Deus no coração do homem. Com efeito, trata-se da única coisa importante a salvar: "Um pouco de ti em nós, meu Deus".

Que novidade é passar do Deus que tudo pode e a quem pedimos tudo ao Deus que se encontra desprovido, vulnerável, do Deus a quem a gente pede, ao Deus que nos pede! De fato, Etty escuta e atende a prece de Deus. Ela não cessará de ir ao encontro de aflições noturnas e de solidões, de ir à busca de todo ser humano para contribuir na revelação de Deus nos corações martirizados. Etty viverá essa compaixão como um empreendimento voluntarista, um simples projeto filantrópico, uma militância, mas como uma superabundância, a reciprocidade de um amor:

> Nada de ilusões heroicas... Renuncio até mesmo a pretender ajudar os outros. Ajudar Deus tanto quanto possível e, se o conseguir, então, estarei à disposição dos outros também.

Ajudar Deus tanto quanto possível a não extinguir-se nela não é, de forma alguma, um segredo banal que Etty compartilha conosco. Lá onde o pensamento ateu encontra argumento para abandonar esse Deus "inútil" – que diferença detecta-se, efetivamente, entre a noção de uma transcendência impotente e a constatação de sua inexistência? –, Etty, ao contrário, encontra uma força inédita.

À entrada de um povoado da França, no cruzamento de duas estradas, há um velho Cristo desbastado. Já não tem braços e seus dois pés estão quebrados. Uma inscrição começa a apagar-se; nela se lê: "Deus já não tem braços... Não tem outros braços senão os teus".

E que tal se o Deus a quem rezo fosse, na realidade, o Deus que me pede para "ajudá-lo a não extinguir-se em mim" e ao meu redor?

DÉCIMO DIA

A cada dia basta o seu mal

Oração do domingo de manhã. São tempos de terror, meu Deus. Esta noite, pela primeira vez, fiquei acordada no escuro, olhos ardendo, imagens de sofrimento humano a desfilarem incessantemente diante de mim. Vou prometer-te uma coisa, meu Deus, oh, uma bagatela: evitarei carregar, no dia de hoje, como um peso, as angústias que o futuro me incute; mas isto exige certo treino. Por enquanto, a cada dia basta o seu mal (175).

Um amigo inesquecível – cujo fim tranquilo me enche a cada dia de gratidão – ensinou-me em tempo esta grande lição de Mateus 6,24 [na realidade: Mateus 6,34]: "Não vos preocupeis, portanto, com o dia de amanhã, pois o dia amanhã se preocupará consigo mesmo. A cada dia basta o seu mal". É a única atitude que nos permite enfrentar esta vida. É também com certa tranquilidade d'alma que, a cada dia, deposito meus inúmeros cuidados terrestres aos pés de Deus. Na verdade, muitas vezes são preocupações de grande trivialidade, por exemplo, quando me pergunto como conseguir lavar a roupa de toda a família etc. As verdadeiras e grandes preocupações deixaram totalmente de sê-lo – elas tornaram-se um Destino ao qual doravante estamos próximos (302).

A primeira destas citações é extraída da grande "oração do domingo de manhã", escrita no dia 12 de julho de 1942.

Outro fragmento escolhido dessa oração foi dado como título deste capítulo. Esse texto merece realmente que o leitor, que tiver a oportunidade, leia-o ou releia-o integralmente no Diário de Etty. Rememoremos o contexto de onde brotou essa oração, para melhor extrair-lhe o máximo.

Julho de 1942: mês capital, em todos os sentidos, para Etty, quer se trate de sua evolução pessoal, quer dos problemas históricos que marcam esse período. De seu jeito, Etty preparou-se para esses tempos de terror. Mas será que nos preparamos, em algum momento, para o pior? Muito cedo ela havia pressentido que sua resistência seria de natureza particular: "Lutar não na política ou em um partido político, mas em si mesma" (76). Agora, é essa resistência existencial que a leva a não fugir a uma sorte que ela adivinha provável.

Difícil fazer compreender isso às pessoas de seu meio. Diante do agravamento dramático dos acontecimentos, seu irmão Jaap forçou-a a postular um emprego de "disfarce" no Conselho Judaico, o que a eximiria provisoriamente do "trabalho obrigatório". Esse procedimento repugna Etty, que desconfia desse estranho órgão-tampão, de papel mais do que ambíguo. Em todo caso, ela decide aceitar, no dia 14 de julho, mas a contragosto e com culpa.

É dentro do tormento dessa total incerteza quanto a seu futuro que Etty redige sua oração do domingo de manhã. Nela, ela evoca essa terrível noite de angústia, quando imagens de sofrimento desfilaram continuamente diante dela. Efetivamente, acontece de a angústia ser tão forte que se insinua numa simulação infernal no âmago de nossas insônias! Dessa luta desigual contra as trevas, Etty refaz-se provada mas não vencida, com uma pequena promessa matinal nos lábios: "Evitarei carregar, no dia de hoje, como um peso, as angústias que o futuro me incute". Uma bagatela, no dizer de Etty. Deveras? Uma resolução que extrai, em todo caso, sua força não de si mesma, mas desse sopro que dela faz uma oração. E o que a oração inspira jamais é uma bagatela!

Evitar tornar o dia de hoje mais pesado por suas angústias: que bela imagem! Como se cada uma de nossas jornadas fosse um aeróstato que podemos deslastrar dos pesos de nossas preocupações para deixá-lo erguer-se! Em sua expressão sempre pictórica, Etty usará esta outra comparação: "Diariamente, é preciso eliminar, como a pulgas, as mil inquietações que nos sugerem os dias vindouros e que corroem nossas melhores forças criadoras" (227).

Já observamos em nós mesmos de que maneira a inquietude estende suas devastações? Em nós existem luzes tão vivas que as julgamos capazes de nos iluminar durante anos. Então, repentinamente, é a debandada: uma dificuldade, um grão de areia, e resvalamos para o abatimento, para o derrotismo. Nossas belas claridades já não passam de uma cintilação de que nos pomos a duvidar. Bastou um acontecimento, uma palavra, um golpe de fadiga sobre os quais nos detivemos um pouco para que nossa paz se esvaísse. E, pouco a pouco, é todo o nosso espaço interior que fica monopolizado pelo que muitas vezes, no começo, não passava de detalhes insignificantes!

Etty experimentou o prejuízo disso. Ela mediu quanto a inquietude é prejudicial à vida espiritual. "Há perigo na morada", adverte ela. Perigo na morada de Deus que é o coração de cada homem! Por isso é que ela faz a seguinte recomendação: "É preciso evitar deixar-se contaminar pelas mil pequenas angústias que são outras tantas moções de desconfiança em relação a Deus" (227). Mais fácil falar do que fazer!

Praticamente, a Etty não faltam motivos de preocupação: bilhetes de racionamento, dificuldades de saúde, canseiras administrativas. Por meio de um pouco de treino, ela aprende a não se deixar invadir por elas. Contudo, para além das preocupações mais temíveis que tocam "sua pessoa", há as inquietações mais terríveis que a tocam "em pessoa": angústias insidiosas, que se aninham no oco de suas afeições mais caras. "A inquietude suscitada por aqueles que nos são próximos nos corroem mais do que tudo", reconhecerá Etty (280).

O estado de saúde crítico de Spier faz parte dessas angústias que submetem Etty a uma áspera batalha interior. "Deus, meu Deus, apesar de tudo, tu não vais deixar-me partir enquanto ele ainda se encontra doente" (NG 539). De fato, aquele cuja força a toda prova impressionou Etty, a ponto de causar-lhe inveja, encontra-se fortemente reduzido. Etty certamente já o havia acompanhado em uma consulta com um pneumologista, no dia 31 de dezembro de 1941. Nada, porém, deixava prever um enfraquecimento tão rápido. No entanto, por mais legítimas que sejam as razões que Etty tem de ficar atormentada, ela escreverá: "Devemos desfazer-nos até mesmo da inquietude que experimentamos em relação aos seres amados" (161).

Mas é inútil que ela saiba disso: mesmo a vontade mais equilibrada não é suficiente para conseguir de si tal desapego, tal entrega do outro à confiança. Um ano depois que a morte levou Spier, Etty lembrar-se-á com emoção dessa grande lição que ele lhe havia não somente ensinado, mas que, de maneira particular, havia ajudado a pôr em prática:

"Não vos preocupeis com o dia de amanhã... A cada dia basta o seu mal". Algumas vezes as circunstâncias, acolhidas a cada dia, operam em nós os apaziguamentos de que não nos teríamos acreditado capazes!

Cada manhã, ao saltar do leito, ou à noite, ao deitar--se, e por que não a qualquer hora do dia, Etty convida-me a depositar grandes angústias e pequenas preocupações aos pés de Deus. O pior não está sempre assegurado... Assim, todas as coisas poderão, de acordo com seu próprio ritmo, entrar na ordem... da confiança.

Acho a vida tão bela!

Há, portanto, logo, um despojo mortal sobre esse leito tão conhecido. [...] Espera-se de mim que componha um rosto triste ou de formalidade? Mas não estou triste! Gostaria de juntar as mãos e dizer: "Meus filhos, estou plenamente feliz e agradecida, acho a vida tão bela e tão rica de sentido! Isso mesmo, bela e rica de sentido, no momento mesmo em que me conservo à cabeceira de meu amigo morto – morto demasiado jovem – e no momento em que me preparo para ser deportada de um dia para outro rumo a regiões desconhecidas. Meu Deus, sou-te tão agradecida por tudo!" (206).

É como uma pequena onda que sobe sempre em mim e me aquece, mesmo depois dos momentos mais difíceis: "Contudo, como a vida é bela!". É um sentimento inexplicável. Não encontra nenhum apoio na realidade que vivemos neste momento. Mas não existem outras realidades senão a que se nos oferece no jornal e nas conversas irrefletidas e exaltadas das pessoas desvairadas? Há também a realidade deste pequeno ciclâmen rosa indiano e também aquela do vasto horizonte que a gente acaba por descobrir além dos tumultos e do caos da época (221).

"Acho a vida tão bela!" É um refrão cantado sob o ar de convicção forçada? Uma fórmula conjuratória? Um *slogan* martelado para convencer aquele que lhe fala de sua eficácia? Ou ainda um tipo de pensamento positivo, praticado para iludir-se a respeito de uma vida, afinal de contas, "não tão bela assim"? Não. Não é nada disso. E se, de fato, se trata de um refrão caro a Etty, para falar dele, precisamos encontrar palavras de nuance e de respeito.

Aquele a quem Etty, com uma emoção carregada de ternura, chama "querido, grande e bom amigo", não existe mais. Ela teve o privilégio de poder ler até a última página a vida desse "grande decifrador, grande buscador e descobridor de Deus". A perda daquele que lhe foi tão importante poderia aniquilá-la. Não a aniquila. Ao contrário, encontra Etty em uma admirável disposição de paz e de gratidão. Ela revela, como uma confissão insólita e irreprimível, estas palavras: "Acho a vida tão bela e tão rica!". Esta confissão de fé não é uma certeza intelectual. É um arrebatamento interior que vai crescendo e assegura nela, ao longo do tempo, e mesmo na hora penosa da partida do amigo, esse sentimento da bondade indestrutível da vida.

Contudo, exteriormente, os fatos brutos estão ali, cujo indizível horror parece contradizê-la. "Acho a vida tão bela!" Etty é cega a essa realidade? Está se iludindo? Ou será que ela tem um segredo que ficaríamos felizes por conhecer? Um começo de resposta está contido, talvez, nesta maravilhosa pequena linha pescada em suas notas: "Passamos diante dos lilases, das roseirinhas e das sentinelas alemãs". O olhar panorâmico de Etty considera o real em seu conjunto. Não exclui nada, não aumenta nada. E, de repente, a palavra sentinelas quase nos faz pensar em uma nova essência floral!

Muito cedo em seu diário, Etty dirá que "um poema de Rilke é tão real, tão importante quanto um jovem que cai de um avião", não para negar o valor da vida humana, mas como um convite a não privilegiar a parte trágica ou obscura do real em detrimento de sua parte luminosa e, inversamente, do restante.

A vida forma um todo, não se deve querer separar-lhes os elementos. Eis o que nos diz Etty, ideia cara, que ela formula de maneira paradoxal nestes termos:

> A vida é bela e cheia de sentido em seu absurdo, por pouco que se saiba dispor nela um espaço para tudo e carregá-la toda inteira em si, em sua unidade; então a vida, de uma maneira ou de outra, forma um conjunto perfeito. [...] a partir do momento em que o conjunto é perdido, tudo se torna arbitrário (149).

Não nos enganemos: para Etty, não é absolutamente questão de embelezar o real ou de negar-lhe a aspereza para dele se defender. Tudo o que acontece diz-lhe respeito, e seu manuscrito está salpicado do relato de mil extorsões ou humilhações que lhe são contadas ou que ela deverá sofrer. Já não pode, por exemplo, subir em um bonde ou sentar-se com um amigo em um terraço de um bar em um belo dia ensolarado. Plenamente humana, Etty acolhe duramente e em todo o seu ser fadiga, angústia, tristeza, doença.

Mas porque é precisamente humana, Etty descobre também progressivamente que, em tudo o que vive, se insinua "um pouquinho de eternidade", por se sentir solidária com as multidões através do espaço e do tempo. A frieza ou o calor, ela os experimenta em consonância com os outros, consciente de estar no lugar que lhe cabe no grande fluxo da Vida. Essa consciência é bem mais do que uma simples provocação instantânea. É um olhar capaz de desvelar em tudo, inclusive em um cotidiano difícil, a emergência de um sentido que "religa" os homens para além de si mesmos. Não é isso, segundo uma etimologia possível, a essência da experiência "religiosa"?

Como a vida é bela: este *leitmotiv* aparentemente muito simples se infla e se enriquece de uma substância cada vez mais densa, à medida que Etty avança. Ele amplifica-se num crescendo, até tornar-se um murmúrio ensurdecedor. Galileu ajoelhado, coagido a abjurar sua tese do heliocentrismo, teria murmurado ao levantar-se: "Eppur, si mouve!" ["E, no entanto, move-se!"]. Assim, Etty, acuada diante do pavoroso, persiste em dizer: "No entanto, como a vida é bela!". Fonte indestrutível que a impulsiona, até o fim, a escandir esse refrão, até fazer dele a assinatura de sua vida.

A apenas quatro semanas de sua deportação, quando tudo o que tinha por domicílio era "um estrado de ferro sobre uma ponta de terra cercada de arame farpado", Etty ainda havia sentido a necessidade de explicar esse assunto. Ouvindo dizer, às vezes, que ela vê sempre o lado bom das coisas e tira a melhor parte de tudo, exprime sua repugnância por esse tipo de expressão muito distante do que ela quer dizer: "Jamais tive a impressão de dever forçar-me a ver o lado bom; tudo é sempre perfeitamente bom, tal qual. Toda situação, por mais deplorável que seja, é um absoluto e reúne em si o bom e o mal" (313).

Tulipas, girassóis, crocos, orquídeas, narcisos – as flores abundam em Etty. "A arte suprema do escritor não é esquecer, apagar o problema voltando-se para as flores; é tirar do pior um perfume", escreve Philippe Jaccottet. Etty teria certamente subscrito estas palavras. Mas ela vai mais longe. Anêmonas, rosas, gerânios, lírios, ciclâmenes – se as flores eclodem em tal número sob sua pena, é para convidar-nos a aguçar nossos sentidos até perceber que toda beleza e bondade que a vida nos oferece estão aí para solicitar nossa adesão a ela. Se a feiura e o mal existem "efetivamente", eles não podem impedir esse enxerto da vida em nós, a não ser que lhes demos esse poder.

No dia 22 de julho de 1942, apesar da chuva, das bolhas nos pés e do peso do dia, Etty encontra uma carroça de florista e compra um grande buquê de rosas. "Muitos me dizem: como podes ainda sonhar com flores?" escreve ela no dia seguinte. Vasta e simples ao mesmo tempo, a resposta de Etty oculta-se, para além das palavras, na íntima profundidade de seu ser: orientação consentida e sem cessar renovada de sua liberdade diante da Vida...

> Já padeci mil mortes, em mil campos de concentração. [...] De um modo ou de outro, já sei tudo. E, no entanto, acho esta vida bela e rica de sentido. A cada instante (140).

"Como é belo e bom viver em teu mundo, a despeito do que nós, seres humanos, nos infligimos mutuamente" (20). Grito do coração e oração de louvor de Etty!

Como podemos exercitar nosso olhar em descobrir essa beleza e bondade, não obstante as circunstâncias que não nos levam todas à gratidão?...

Como Etty, detendo-se diante de um mercador de flores, que gesto concreto e simples me é possível fazer, nesse sentido, hoje?

Não querer as coisas, deixá-las realizar-se

Mas eu gostaria tanto de ter saúde! Atormento--me demais por minha saúde, e isso não me vale de nada. Quem dera poder ser dominada por essa impassibilidade que impregnava tua aurora cinzenta esta manhã! Quem dera que meu dia pudesse superar, enfim, a preocupação com meu corpo. Meu último recurso sempre foi pular da cama e ajoelhar-me em um canto protegido do recinto. Já não quero obrigar--te, meu Deus, a curar-me em dois dias. Sei que tudo deve desenvolver-se organicamente, de acordo com um processo lento. São quase sete horas. Vou fazer minha toalete, aspergir-me com água fria da cabeça aos pés; depois, voltarei a deitar-me e já não me moverei, de jeito nenhum; já não escreverei neste caderno, esforçar--me-ei por permanecer deitada e não fazer outra coisa senão oração. Isto já aconteceu tantas vezes, de me sentir tão mal a ponto de ter certeza de não poder me colocar de pé antes de semanas – ora, ao cabo de alguns dias, tinha passado. Mas, por enquanto, não vivo como se deve; tento forçar o destino. Contudo, se tiver a menor possibilidade disso, gostaria muito de partir quarta-feira. Sei muito bem que, em meu estado, não seria de grande ajuda para a coletividade; gostaria muito de recuperar um pouco de saúde. Mas não se deve "querer" as coisas; é preciso deixá-las realizarem-se em mim, e é precisamente o que me esqueço de fazer neste momento. Que seja feita tua vontade e não a minha (236).

Quando Etty escreve estas palavras, ela já conhecia dois breves episódios de trabalho no campo de passagem de Westerbork. Ela não para de voltar "a essa cena nua e revelada aos quatro ventos", para estar presente "no meio dessas barracas repletas de pessoas abatidas e perseguidas". Mas seu estado de saúde impôs-lhe a volta a Amsterdã.

Preocupada com o estado em que se encontra, Etty anima-se e formula o voto de que sua jornada supere a preocupação com seu corpo. Mais do que um voto piedoso, esse desejo já é a substância de uma verdadeira oração.

Por toda a sua vida, Etty conserva essa preocupação de estar de acordo com um corpo que costumeiramente lhe prega peças. Seu diário está semeado de observações que o confirmam. Regularmente, seu organismo chama a atenção para si através de diversos sintomas: dores de barriga, estômago embrulhado, náuseas, vertigens, dores de cabeça "de partir o crânio", eczema, constipação, indigestão, bexiga inconstante. Para melhorar, Etty não hesita em recorrer ao que ela denomina "colaboradores artificiais". Seu diário evoca, a esse respeito, uma farmacopeia abundante. Com o tempo, porém, ela chegará a dizer a esse respeito que, às vezes, é preciso evitar um recurso demasiado leviano aos medicamentos. Ademais, aliviar-se mediante medicações não a dispensa de descobrir como atravessar os maus momentos...

É principalmente o fato de "ser mulher", pelos ciclos aos quais é submetida, que ela leva em conta na sua aventura interior. Dessa maneira, Etty revela uma "relação entre determinados estados d'alma e a menstruação. Há tal mistério

nessa interação do corpo e da alma", reconhece ela (76)...
"Inicialmente, devo observar com toda franqueza: na véspera
de minhas regras, e nos dias seguintes, eu sou apenas meio
responsável. [...] Tudo em mim se acha em revolução e em
movimento. Impaciência, dispersão, intrepidez, às vezes, são
as marcas desse fenômeno feminino que se repete em mim,
infelizmente, a cada três semanas" (131). Que uma arrancada
espiritual faça a tal ponto justiça ao que o corpo vive até
em sua íntima realidade sexuada, eis o que dignifica Etty e
é bastante raro para que o sublinhemos.

Etty observa que, quando o corpo vai mal, é todo o ser
que está absorvido nessas turbulências. Toda a energia de
que se dispõe é exigida para superar a sensação de incô-
modo e de dor. Gostaríamos tanto de não ter de depender
de tais flutuações de saúde, de não ver nossas forças serem
devoradas, a ponto de nossos humores se encontrarem afeta-
dos ou nossa moral minada! E, no entanto... Etty conheceu
detalhadamente essa provação.

Nós que, ao defendermos nosso corpo, às vezes nos vemos às voltas com as mesmas dificuldades, temos a aprender
pela maneira com a qual enfrentou isso? É que a vida interior não se decide fora ou ao lado de nossa vida "orgânica".
Etty experimenta até mesmo, cada vez mais estreitamente,
os jorros de uma sobre a outra, até poder relativizar determinados incômodos físicos dizendo: "Não é teu corpo, é tua
pequena alma maltratada que faz das suas". O corpo, com
efeito, não passa de um receptáculo. Ele traduz, percebe,
lembra-se. O corpo não mente. Ele tem – para arriscar essa
fórmula – "um bom senso espiritual" independente de nossa
cabeça. A seu modo, ele é um mestre tanto mais eficaz do
que lhe reconhecemos esse papel. Etty jamais fará mistério

dos sinais que lhe dirige o seu corpo: ela os decodificará tanto quanto puder.

E se ao longo do tempo sua saúde permanece instável, em contrapartida sua capacidade de evocar progride, sem tornar--se demasiado pesada. Pouco a pouco, ela aprendeu a não atribuir um valor demasiado absoluto às passagens ruins que atravessa, admitindo que há "os dias com" e "os dias sem", e que para viver estes últimos não há receita milagrosa. De fato, as consolações da razão são de pouco peso quando o corpo está alquebrado pela fadiga, doente ou deficiente. Assumir seu mal com paciência... e se assentar sobre esse substrato de confiança de já ter podido emergir inúmeras vezes desses tipos de impasses: é, às vezes, o melhor que se pode fazer!

"Prometi a mim mesma já não falar de minha saúde: é papel desperdiçado", escreve Etty em julho de 1942. Somos--lhe gratos por não ter absolutamente conseguido manter essa promessa e de ter, até o fim de suas palavras, feito viver sob nossos olhos esse desafio permanente que constitui o "entender-se bem consigo mesmo"; de nos ter concedido ver também que nosso corpo, mesmo doloroso, permanece caminho para Deus, caminho de Deus...

Outubro de 1942: acamada no número 6 da Gabriel Metsustraat e "prisioneira de uma couraça de fraqueza", Etty sofre, portanto, para aceitar que seu estado a impede de retomar à colmeia angustiante de Westerbork. Ela é tentada a enfurecer-se ao Céu: que ele lhe obtenha uma melhora sensível de saúde! Ela veria nisso um sinal verde para sua partida. No entanto, Etty sabe que não lidamos com Deus como com um comerciante de tapetes! Se ela finge negociar com ele é justamente para ajudar-se a retardar e a suportar essa expectativa que lhe parece infinda. A verdade é que o real não obedece a seus desejos e – além disso – entrega-a ao capricho de um horizonte que se tornou mais estreito, do qual todo projeto parece excluído.

A impotência a que Etty está submetida constrange-a a assumir uma atitude: seja forçar o destino – ignorar sua fragilidade pela decisão de uma partida precoce para Westerbork –, seja consentir com a realidade – aquiescer ao presente tal como se dá. Mas escolher ficar em Amsterdã, forçada a resolver-se a isso devido a um esgotamento completo, é ainda uma escolha? Acolher o que ela evidentemente não pode modificar não é, em todo caso, uma renúncia. Talvez esse seja mesmo o único meio de transformar a necessidade em ato de liberdade. E é precisamente o que Etty compreende ao deter-se em Amsterdã, coagida e paradoxalmente apaziguada.

"Adoraria, gostaria, quem dera": tantos desejos encalhados no dique de uma realização adiada, até mesmo improvável, transformam-se, assim, em uma "restauração de si" acumulada. O real aplaina-nos, mas ele cava também o infinito de nosso desejo. E da mesma maneira o corpo, quando nos faz lembrar-se dele. Etty permite atenuar em si essa vontade de imprimir ao tempo o ritmo de suas intenções. Tudo deve desenvolver-se organicamente… Ela deixa-se incorporar a esse lento processo. Paciente progressão do ser que a conduz às portas de um consentimento cuja extensão lhe escapa e ultrapassa-a amplamente: "Que seja feita a tua vontade, e não a minha".

Hoje, o que meu corpo tenta me dizer – que ainda não entendi?

E a que minha oração pode dar livre consentimento?

Fazer-te nascer no coração dos outros

Como é grande a aflição interior de tuas criaturas terrestres, meu Deus! Agradeço-te por ter feito vir a mim tantas pessoas com toda aflição. Estão a falar-me calmamente, sem prestar atenção a isso, e eis que, de repente, a aflição delas transparece em sua nudez. E tenho diante de mim um detrito humano, desesperado e que não sabe como continuar a viver. É quando começam minhas dificuldades. Não basta preconizar--te, meu Deus, para fazer-te nascer no coração dos outros. É preciso extrair no outro a via que leva a ti, meu Deus, e para fazer isso mister se faz ser um grande conhecedor da alma humana. [...]

E sou-te grata por me teres dado o dom de ler no coração dos outros. Para mim, às vezes as pessoas são casas de portas abertas. Entro, vagueio pelos corredores, pelos cômodos: em cada casa, a arrumação é um pouco diferente; no entanto, elas são todas parecidas, e a gente deveria poder fazer de cada uma delas um santuário para ti, meu Deus. E te prometo, prometo-te, meu Deus, que buscarei para ti uma hospedagem e um teto no maior número de casas possível. É uma imagem divertida: coloco-me a caminho para buscar-te um teto. Há muitas casas inabitadas, onde te introdu-zirei como convidado de honra (208).

"Como é grande a aflição interior de tuas criaturas!", exclama Etty. Muitos rostos percebidos estão, de fato, desorientados, lívidos. Parecem casas desertas: por trás das fachadas, um grande vazio, onde cruelmente faz falta uma presença. Presença para si mesmo, para os outros, para Deus, talvez?... Fazer de cada uma dessas "casas" um santuário onde Deus seja convidado como hóspede de honra, este é o desejo secreto de Etty. Para além da beleza da imagem, de onde lhe veio essa aspiração e como chegou a colocá-la em prática?

Eis que a partida de um comboio se anuncia no campo de passagem de Westerbork. O trem partirá às 11 horas: começa-se a embarcar pessoas e sacolas na extremidade desse "bulevar de deportados", a artéria principal do campo que conduz à via férrea. Etty vagueia por entre gritos de pranto para um último gesto ou uma palavra de conforto, na luz fantasmagórica das barracas. Repentinamente, ela reconhece uma de suas colegas cujo rosto sardento assumiu uma cor cinzenta, quando, de joelhos, ampara a cabeça de sua mãe moribunda, que havia bebido veneno. Naquele momento de desordem demasiado grande para suportar sozinha, Etty está lá.

Mas não há apenas vítimas que atraem seus olhares; há também os carrascos, aqueles que orquestram e os que executam. Por trás da janela de uma barraca, ela observa, um após outro, esses rostos de soldados em uniforme verde de escolta armada. "Meu Deus, esses rostos! Nada jamais me apavorou tanto quanto esses rostos." E ao sentir sobre ela esses olhares frios, inconscientes e desumanos, toma-lhe de assalto essa palavra-fonte, fio condutor de sua vida: "'E Deus criou o homem a sua imagem'. Sim, essa palavra me pegou numa manhã difícil", confessa ela (323). O que põe Etty a caminho nesse inferno, para além da desorganização total e da absoluta miséria de que ela é testemunha, é a desfiguração da "Imagem". Seu coração foi tocado por ela. Perfila-se, de maneira implícita, o que se tornará sua missão, uma missão de dar à luz: fazer Deus nascer, "arrumar-lhe uma morada em todos esses corações arruinados e degradados".

Pois Etty descobre em si um dom: acompanhar em profundidade tudo o que acontece. "Posso ler no interior do coração de todas essas pessoas em aflição, encontradas em meu caminho", observa ela. Para o essencial, é no mesmo nível em que ela alcança e habita sua própria vida que o coração dos outros se lhe torna familiar. O dom que pressente está, portanto, ligado a todo esse trabalho que se realiza nela há meses.

Contudo, a fim de refinar esse dom e de alcançar precisamente os corações sofredores que a rodeiam, Etty experimenta a necessidade de se educar mais, a partir do momento em que o horizonte clarear, naquilo a que hoje denominaríamos a escuta pastoral e a psicologia:

> Não conhecemos a vida de alguém se sabemos apenas dos acontecimentos exteriores. Para conhecer a vida de alguém, é preciso conhecer seus sonhos, suas relações com seus pais, seus estados de espírito, suas desilusões, sua doença e sua morte (105).

E diante dos rugidos de um miserável agente da *Gestapo*, com cara atormentada e perseguida, arde-lhe a vontade de perguntar: "Tiveste, pois, uma infância tão infeliz, ou será que tua noiva foi-se embora com outro?". Sem demora, ela teria começado, de bom grado, um tratamento psicológico a seu respeito! De igual modo, a propósito de outra figura que cruzou o campo: "Gostaria de tocar esse homem em suas angústias, pesquisar-lhes a origem e empreender um tipo de caça, conduzindo-o aos seus próprios domínios interiores" (218).

Tal é, numa primeira aproximação, a substância da reflexão de Etty neste texto. Mas existe mais nestas linhas. Prestemos bem atenção ao vocabulário empregado por Etty: *casa aberta, corredor, cômodo, teto, santuário, arrumação*. E, por outro lado, por cinco vezes, em algumas linhas, escutamos esta apóstrofe: *Meu Deus...* Portanto, não é apenas o movimento espontâneo de um coração sensível que convém observar aqui. A parte que Etty assume das dores e das misérias de seus contemporâneos está bem mais profundamente enraizada.

Muito cedo em seus Cadernos, há a descoberta de um tesouro que ela carrega consigo, no momento em que outros tentam colocar em lugar seguro valores materiais. Levar Deus consigo, intacto e preservado, por toda parte, no sofrimento e nos aborrecimentos deste tempo; ser para Ele uma casa hospitaleira: eis o que conta para Etty – e não "viver um idílio com Ele na atmosfera preservada de um escritório"... ou no ambiente confinado de um retiro espiritual.

No calor dessa primeira preocupação é que ela se põe em busca de um teto para Deus no coração daqueles a quem sua presença parece oculta por um espesso nevoeiro de miséria e de desumanidade. Desculpem-lhe a modéstia, dirão alguns! De fato, trata-se de uma missão grande e delicada. Para realizá-la bem, Etty procura se desvencilhar de ideias preconcebidas, logo endurecidas em preconceitos, que espontaneamente projetamos nas pessoas, de modo superficial.

Ela se impõe algumas regras de ouro: não sobrecarregar as pessoas com suposições anteriores de como seriam; olhar mais longe e mais amplamente, a fim de ver o que poderia acontecer de bom ali. Ela dispõe-se, assim, a melhor acolher aqueles a quem encontra, de modo que possa abrir-se a Deus um caminho no coração deles; enquanto, dentro do coração dela, há uma fonte de solicitude, há muito tempo descoberta, que continua a jorrar: fluxo de energia para "escutar interiormente" e para além dela própria, a fim de habitar também toda essa dor que, incansavelmente, vem desembocar em suas margens.

Liberar a via que leva a Deus dentro de corações desconcertados não está sempre destinado ao sucesso. Quem aí se aventura vai ao encontro de decepções e, até mesmo, da tentação de desistir. Etty, por tê-las conhecido, nem por isso deixou de acompanhar as pessoas que cruzaram seus caminhos, sempre em busca de uma hospedaria para seu Deus.

Mas eis que se entreabre nela uma última descoberta: no cartão que introduz pela fresta do vagão, dentro do comboio que chacoalha rumo a Auschwitz, ela rabiscara estas palavras, colhidas às pressas na pequena Bíblia colocada em sua bolsa: "O Senhor é minha câmara alta" (334). Deus se lhe revela como se revelou ao rei Davi, zeloso de construir-lhe uma casa em Jerusalém (2Sm 7,11), e, em um murmúrio, sopra-lhe no coração: "Tu procuras abrir-me uma casa no coração dos homens. Deixa-me anunciar-te: eu é que estou ocupado em construir-te uma casa... Eu sou tua câmara alta, teu refúgio, tua porta de salvação, teu ancoradouro; melhor ainda, esse espaço de intimidade e de partilha a que tanto e tanto aspiras...".

Daquela que se consagra a abrigar Deus, àquela que se descobre abrigada nele: que vasta migração!

"Eu buscarei um teto para ti no maior número de casas possível" (208). O que pode aparecer como uma "resolução", em Etty transforma-se em oração, perdendo assim seu traço de voluntarismo. "Eu te prometo..." Não são as palavras de uma representante comercial, mas a promessa de uma mulher lentamente despertada para seu mistério: Deus, nela, busca Deus no outro.

Na jornada em que embarquei, vou cruzar com muitos rostos. Do contato ao encontro, quanto caminho a percorrer!

Como dispor, hoje, meu coração a atravessar esses espaços rumo ao encontro esperado?

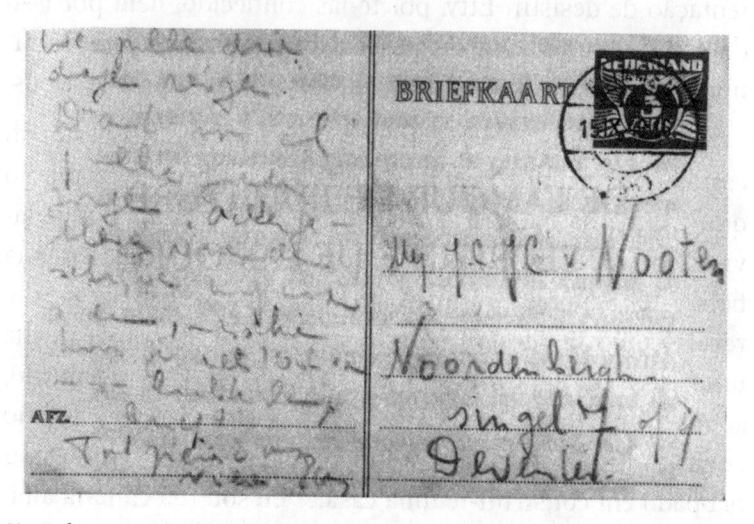

Verso do cartão postal que Etty introduziu por uma fresta do vagão no comboio que a leva para Auschwitz (7 de setembro de 1943).

Tradução da frente deste cartão:

Cristina,
Abro a Bíblia ao acaso e encontro isto: "O Senhor é mi-
nha câmara alta". Estou sentada sobre minha bolsa,
no meio de um vagão de mercadoria superlotado.
Papai, mamãe e Mischa estão alguns vagões à frente.
Essa partida veio, antes de tudo, de improviso. Ordem
repentina de La Haye, especialmente para nós. Deixa-
mos o campo cantando, papai e mamãe muito calmos e
corajosos, Mischa igualmente.

Tradução do verso do cartão postal aqui reproduzido:

Vamos viajar durante três dias. Obrigado a vocês to-
dos pelos bons cuidados. Os amigos que ficaram no
campo vão escrever a Amsterdã. Talvez possa tomar
conhecimento disso. Talvez também de minha últi-
ma longa carta?
Adeus da parte de nós quatro! Etty

Do amor à escrita, à escrita do amor

Esta tarde, olhei gravuras japonesas com Glassner. Tocada por uma evidência repentina: é assim que quero escrever. Tanto espaço ao redor de tão poucas palavras. Eu odeio o excesso de palavras. Gostaria de escrever apenas palavras inseridas organicamente em um grande silêncio, e não palavras que não estão ali senão para dominar e rasgar o silêncio. Na realidade, as palavras devem acentuar o silêncio. Como esta gravura com um ramo florido em um ângulo inferior. Algumas pinceladas delicadas – mas que reprodução do mais ínfimo detalhe! – e, ao redor de tudo, um grande espaço, não um vazio, melhor dizendo: um espaço inspirado. Odeio a acumulação de palavras. É preciso tão poucas palavras para dizer as grandes coisas que contam na vida. Se um dia eu escrever (e o que escreverei, exatamente?) gostaria de traçar assim algumas palavras com o pincel, sobre um grande fundo de silêncio (121).

No dia 26 de maio de 1942, Etty escrevia: Ao entrar em minha casa, ao entardecer, na noite morna, ao mesmo tempo leve e pesada por ter bebido todo aquele vinho branco, de repente encontrei, furtivamente, neste momento preciso em que seguro uma caneta, a certeza que desapareceu de novo, completamente: um dia eu serei escritora (116).

Escrever, Etty o faz regularmente desde o dia 8 de março de 1941, quando ela começou a botar no papel as primeiras palavras de seu diário. Ao longo do tempo, ela experimentou os benefícios desse "método" que consiste em conversar consigo mesma e com seu Deus sobre o caminho traçado por algumas linhas tintas. Necessidade de palavras à qual ela se submete, não para produzir obra literária, mas para tirar de seu magma os contornos de sua própria forma.

Mas, enquanto ela encontra pouco a pouco essa forma, graças a seus Cadernos, Etty sente cada vez mais crescer em si um "sentimento de obrigação" com respeito a seu "talento criador", tal como o chama. Ela descobre em si uma missão, a de escrever e de ser, assim, fiel ao que traz de melhor. Acontece que esse poderoso desejo de escrever busca sua realização às apalpadelas: "Ó Deus, toma-me em tua grande mão e faze de mim teu instrumento, faze-me escrever. [...] Ignoro como realizar meu desejo de escrever. Tudo ainda é demasiado caótico, e falta-me a confiança em mim, ou antes, a urgente necessidade de dizer algo" (41). Etty pressente que a fidelidade a seu talento de escrita deve ir mais longe do que suas notas jornalísticas, ainda que ela ignore de que maneira. Atrelar-se à tarefa não lhe é fácil. "Divido-me e ofereço-me em partilha à multidão das simpatias, das impressões, dos seres e das emoções que se fundem em mim. [...] Já não basta viver tudo isso. É preciso acrescentar algo de minha própria invenção" (229).

Quando lemos Etty, acolhemos as palavras que ela nos deixou. Mas, por trás dessas palavras, descobrimos sua aspiração a escrever outras palavras, as que ela jamais escreverá. Novela, romance, crônica, conto são aqui e ali longinquamente divisados, mas ela não exercitará, em definitivo, nenhuma dessas formas literárias. E vemo-nos na presença de um mistério. As palavras que Etty não havia, *a priori*, destinado à publicação, chegam até nós, e aquelas que ela teria sonhado escrever jamais vieram a lume, fazendo Sylvie Germain dizer belamente: "Os relatos vislumbrados ficam nos limbos da tinta, deslizaram na matéria dos dias, no profundo de sua carne, e foi dentro desse espaço inspirado que ela preparou em si que a obra se completou". Por quais caminhos misteriosos essa realização da obra se deu? O mistério deve ser contemplado, mais do que explicado. Algumas palavras podem pelo menos tentar nos ajudar...

Etty tem a escrita enroscada ao corpo. A perspectiva de ser um dia totalmente privada de papel e de caneta lhe é penosa, pelo fato de lhe ser tão necessário, regularmente, avaliar a própria situação. Ao mesmo tempo, quanto mais a carga dramática dos acontecimentos aumenta, mais ela pressente confusamente que esses projetos de escrita poderiam ser sufocados no nascedouro. E escreve, a menos de dois meses de sua deportação, estas palavras tão densamente significativas: "Pode ser que jamais me torne a grande artista que gostaria de ser...".

Essa consciência que lhe advém não está somente guiada pela aceleração trágica dos fatos, ainda que participe deles, evidentemente. Dir-se-ia que uma nova etapa foi superada, como se Etty acedesse a um plano onde o crescimento interior que experimenta fosse um ganho de tal modo superior que empalidecesse os projetos mais caros ao coração. Ela compreende que toda tentativa de expressão é como que absorvida pela descoberta que já não encontra sua medida na linguagem. Sua energia criadora transforma-se, então, em intercâmbios com o Hóspede interior: doces intimidades, de coração a coração.

Uma palavra, sempre a mesma, vem-lhe à mente e nos toma como testemunhas de que todo o seu ser se unifica e se simplifica em um só impulso: *Deus*. "Às vezes, gostaria de traçar, como com buril, pequenos aforismos e pequenas histórias vibrantes de emoção, mas a primeira palavra que me vem à mente, sempre a mesma, é: Deus, e ela contém tudo e torna todo o resto inútil. E toda minha energia criadora converte-se em diálogos interiores com Ele" (317).

Paradoxo de grande beleza: assistimos ao fato de que Etty jamais renunciará a estar em uma perspectiva dinâmica e criadora em relação à escrita. Jamais cederá à amargura, sacrificando o desejo de escrever. Ao contrário, tão longe quanto podemos acompanhá-la, vemo-la escrever: em Westerbork, de onde ela endereça aos seus entes próximos cartas pungentes, crônica de uma realidade que ultrapassa a ficção; e ainda, no trem da deportação, de onde lançará seu último cartão por uma fresta do vagão, atestando, assim, seu desejo de comunicar até o fim.

Simplesmente sua aspiração a escrever começou a desvelar sua verdadeira amplitude. É com a tinta de sua vida que a obra irá, doravante, prosseguir: tinta vermelha e branca. De sangue e de silêncio. Ela entra, desde agora, lá onde somente o Amor tem acesso, a uma dimensão que escapa a toda compreensão.

Admirando um dia gravuras, Etty fora repentinamente tocada pela evidência diante do despojamento delas: "É assim que quero escrever". Tanto espaço ao redor de tão poucas palavras. Durante quase quarenta anos, as palavras de Etty serão como uma joia encravada em uma tela de grande silêncio. Depois, de repente, pelos imprevistos de curiosas peripécias editoriais, elas surgirão da noite para revelar ao grande dia seu peso de luz viva, fazendo de nós o "porto seguro" de uma palavra que não nos fora destinada...

"Se algum dia escrever... gostaria de traçar assim algumas palavras, com pincel, sobre um grande fundo de silêncio." Via inesperada de uma resposta que ultrapassa o que o desejo de Etty havia concebido...

Tenho um desejo pessoal profundo que não consegue realizar-se ou cuja realização, pelo menos à primeira vista, não toma o caminho previsto?

Posso pedir a Deus essa confiança e essa liberdade do coração que dizem, ao mesmo tempo e com uma mesma força: "gostaria"... e "pode ser que jamais..."?

Um diálogo interrompido contigo

Meu Deus, toma-me pela mão; seguir-te-ei decididamente, sem muita resistência. Não me furtarei a nenhuma das tempestades que se abaterão sobre mim nesta vida; suportarei o embate com o melhor de minhas forças. Mas dá-me, de vez em quando, um breve instante de paz. E não acreditarei, em minha inocência, que a paz que descer sobre mim é eterna; aceitarei a inquietude e o combate que se seguirão. Gosto de demorar-me no calor e na segurança, mas não me revoltarei quando tiver de enfrentar o frio, desde que me guies pela mão. Seguir-te-ei por toda parte e tentarei não ter medo. Onde quer que eu esteja, tentarei irradiar um pouco de amor, desse verdadeiro amor ao próximo que há em mim. [...] Não quero ser nada de especial. Quero tão somente tentar tornar-me aquela que já está em mim, mas ainda busca seu pleno desabrochar (78).

Tu que tanto me enriqueceste, meu Deus, permite-me também doar-me de mãos plenas. Minha vida transformou-se em um diálogo ininterrupto contigo, meus Deus, um longo diálogo (316-317).

"Meu Deus, toma-me pela mão; seguir-te-ei decididamente, sem muita resistência... Suportarei o embate com o melhor de minhas forças." Somente os escritos surgidos das profundezas do ser têm essa faculdade de antecipação que carrega as palavras de um despojamento que as excede. "Seguir-te-ei decididamente... Seguir-te-ei por toda parte..." Promessas. Pacto selado no íntimo do coração de Etty, onde Deus se encontra misteriosamente engajado. "Coloca-me como um selo em teu coração", diz o bem-amado do Cântico dos Cânticos (8,6). Contra tal selo, que podem os infernos senão encontrar o amante e o amado sempre mais unidos?

Estamos no dia 7 de setembro de 1943, em Westerbork. Etty retorna ao "bulevar dos comboios" que ela descreveu há apenas quinze dias antes, em seu estilo admirável. Ela tagarela alegremente, ri, tem uma palavra gentil para todos os que encontra. Ela crepita de humor, um humor, por certo, ligeiramente pintado de melancolia, mas, enfim, é próprio de Etty, tal como os íntimos a conheceram. Contudo, o anúncio súbito da decisão de sua deportação teve nela o efeito de um golpe na cabeça, deixando-a literalmente prostrada. Em menos de uma hora, no entanto, ela se refez e enfrentou a nova situação com uma rapidez incrível.

Isto sabemos, palavra por palavra, pelo testemunho de um de seus amigos da última hora, Jopie Vleeschhouwer (cf. NG 712). A esse amigo, ela conta que leva consigo seus últimos cadernos. No trem de carga que a arrasta para onde as emoções se extinguem, Etty leva, portanto, suas últimas notas. O segredo que estas encerram está bem guardado para sempre. Para adivinhá-lo, talvez nos seja necessário domesticar o silêncio dentro do qual ele mergulhou. Última certeza material: o assobio agudo de um trem que chacoalha e uma última "saudação" lançada por Etty.

Deixados "no cais", sentimo-nos um pouco como seus amigos próximos, aturdidos e desprevenidos. No mesmo dia, Jopie ainda escreve: "Experimentamos um sentimento de perda, mas não nos sentimos de mãos vazias". E também: "Uma amizade como a sua não se perde". Algo do nosso olhar tenta agarrar-se ao rastro deixado por sua partida. "Vamos viajar três dias", diz ela em sua última carta. Horas de transporte na exiguidade, no frio, nas febres, nas angústias de uns e de outros, e na ausência total de higiene... Na realidade, não podemos ter senão uma pálida ideia desse "trem do inferno", lançado para a Polônia.

O que viveu Etty nas onze últimas semanas de sua vida: entre o dia 7 de setembro e o dia 30 de novembro de 1943, data na qual ela será morta segundo um comunicado da Cruz Vermelha? Ficamos impossibilitados de saber, ainda que o lugar de seu destino nos permita imaginar! Auschwitz, duas sílabas que estalam em nossa memória como a lembrança da infâmia e da abjeção mais inominável. Auschwitz-Birkenau, o maior campo do sistema de concentração nazista, em que quase vinte mil homens, mulheres e crianças eram incinerados a cada dia!

Um horror tão absoluto que os superlativos não conseguem descrever. Em consequência de uma maquinação ignóbil e premeditada do homem contra o homem, centenas de milhares de pessoas foram levadas à morte. Cúmplices: a fome, o frio, as epidemias, as "experiências médicas", os trabalhos forçados. Nas câmaras de gás, as vidas humanas, em grupos, são exterminadas. Tantas existências particulares e rostos únicos presos na máquina de moer de um sistema que visa orquestrar a destruição metódica de um grupo humano. Genocídio, "solução final", dizem também as palavras em sua vertiginosa frieza!

Dentre essas multidões inocentes, uma jovem senhora judia, luminosa desde seu interior: Esther Hillesum, 29 anos. Esther anônima, Esther real como sua irmã judia das Escrituras do Primeiro Testamento... Pode-se trocar seu nome por um número, desfazê-la de suas palavras e de seus livros, arruinar sua saúde à força de trabalho extenuante, esmagar seu sorriso sob a bota do cinismo e das humilhações, aniquilar os seus; porém, ninguém poderá tirar-lhe o tesouro sem preço que traz em si, que tem quatro letras as quais ela aprendeu lentamente a pronunciar: Deus. Em todo lugar da terra aonde for transportada, ela sabe que Ele será transportado nela, bem como nesses inúmeros rostos que se cruzam ao seu redor.

Quando soa a hora do maior despojamento e que todos os seus apoios lhe são tirados, como Etty continua a avançar? As palavras fazem-nos falta. Que a língua de um poeta que conhece os tormentos do sequestro possa suprir sua indigência...

> Eis minha alma desprendida
> De todas as coisas criadas
> Acima dela elevou-se
> Em uma saborosa vida
> Estando apoiada somente em Deus
> Então, doravante, dir-se-á
> Coisa que me é do maior preço
> Que minha alma agora se vê
> Sem apoio e com apoio
> (João da Cruz, *Glosa "a lo divino"*)

"Quem é aquela que sobe do deserto, apoiando-se em seu bem-amado?", canta o coro do Cântico dos Cânticos.

Durante uma bela noite de outubro de 1942, um ano antes de sua deportação, Etty subitamente havia compreendido que já não restavam senão Deus e ela, sozinhos. Por duas vezes, ela observa-o. "Deus e eu, sozinhos... No momento, totalmente face a Face" (NG 577-578). E eis que a precipitação dos acontecimentos acaba de desapossá-la e de expor sua fé ao risco dessa solidão nua. Hora crucial em que o coração dobra tal como um junco para não se romper, ainda que não sinta, nem veja, nem compreenda... "Sem apoio e com apoio – sem luz no obscuro vivente – todo inteiro me vais consumindo", diz ainda o poeta.

"Minha vida transformou-se em um diálogo ininterrupto contigo..." Um longo diálogo cujos últimos conteúdos seja aconselhável que permaneçam como segredo entre Etty e seu Deus.

Contanto que guardemos, de nossa parte, a preciosa confidência dos caminhos desse diálogo: uma vida tornada oração, uma oração tornada vida...

Parti meu corpo como o pão

e o distribuí entre os homens.

Etty Hillesum,
terça-feira, 13 de outubro de 1942,
última página de seu diário.

Bibliografia

Fontes

ETTY HILLESUM, *Une vie bouleversée*. Journal 1941-1943, seguido de *Lettres de Westerbork*, Seuil, Points, Paris 1995.

_____. *De nagelaten geschriften von Etty Hillesum 1941-1943*, 5. ed. holandesa revista e aumentada, sob a direção de Klaas A. D. Smelik, Balans, Amsterdã, janeiro de 2009, 893 p.

Les Écrits d'Etty Hillesum – Journaux et Lettre, 1941-1943, edição integral traduzida por Philippe Noble, Seuil, 2009 (1080 páginas, da quais 140 de notas e índice).

Algumas obras sobre Etty Hillesum

A. PLESHOYANO, *Etty Hillesum. L'amour comme "seule solution". Une herméneutique théologique au cœur du mal*, LIT Verlag, Münster 2007.

C. JULIET, D. STERCKX et C. VIGÉE, *Etty Hillesum, "Histoire de la fille qui ne savait pas s'agenouiller"*, Arfuyen, 2007.

E. FRANK, *Avec Etty Hillesum. Dans la quête du bonheur, un chemin inattendu*, Labor et Fides, 2002.

I. GRANSTEDT, *Portrait d'Etty Hillesum*, Desclée de Brouwer, 2001.

P. DREYER, *Etty Hillesum. Une voix bouleversante*, Desclée de Brouwer, 1997.

P. LEBEAU, *Etty Hillesum. Un itinéraire spirituel*, Fidélité/Racine, 1998.

S. GERMAIN, *Etty Hillesum*, Pygmalion/Gérard Watelet, 1999.

Alguns artigos sobre Etty Hillesum

J. SIEVERS, "Aider Dieu: réflexion sur la vie et la pensé d'Etty Hillesum", em *Service international de documentation judéo-chrétienne*, vol. 28, n. 3, 1995, p. 9-17.

Men zou een pleister op vele wonden willen zijn. Reacties op de dagboeken en brieven van Etty Hillesum, Balans, Amsterdam 1989, 235 p. 24 estudos e comentários sobre o Diário e as Cartas de Etty Hillesum.

M. LÉNA, "La trace d'une rencontre. Edith Stein et Etty Hillesum", em *Études*, julho-agosto de 2004, p. 51-63.

P. FERRIÈRE, *Etty Hillesum, chemin de pauvreté*, em Foi et Culture, dez. 2008, p. 30-35.

Ph. NOBLE, *Le Texte d'Etty Hillesum, de l'original à la traduction française: un cheminement singulier*, em Revue française de linguistique appliqué, Vol VIII – 2003/2, p. 19-31.

Impresso na gráfica da
Pia Sociedade Filhas de São Paulo
Via Raposo Tavares, km 19,145
05577-300 - São Paulo, SP - Brasil - 2014